Albino Nagy

Die philosophischen Abhandlungen des Jaqub ben Ishaq al-Kindi

Albino Nagy

Die philosophischen Abhandlungen des Jaqub ben Ishaq al-Kindi

ISBN/EAN: 9783743421615

Hergestellt in Europa, USA, Kanada, Australien, Japan

Cover: Foto ©Thomas Meinert / pixelio.de

Albino Nagy

Die philosophischen Abhandlungen des Jaqub ben Ishaq al-Kindi

DIE

PHILOSOPHISCHEN ABHANDLUNGEN

DES

JA'QŪB BEN ISHAQ

AL-KINDI.

ZUM ERSTEN MALE HERAUSGEGEBEN

VON

DR. ALBINO NAGY.

MÜNSTER 1897.

DRUCK UND VERLAG DER ASCHENDORFFSCHEN BUCHHANDLUNG.

Einleitung.

I.

Die vier nachfolgenden Abhandlungen, welche bis jetzt unediert geblieben waren, werden dem arabischen Philosophen Ja'qub ben Isḥāq al-Kindī, [1]) der im neunten Jahrhunderte n. Chr. lebte, zugeschrieben; und zwar werden die drei ersten als von ihm verfaßt, die letzte als ein von seinem Schüler Muḥammad zusammengesetztes Buch angegeben.

Wir haben genügende Gründe, um die beiden Schriften „de intellectu" und „de somno et uisione" als authentisch anzusehen.

Dafür spricht zunächst, daß die Titel derselben in den Listen der Werke al-Kindī's, welche uns Muḥammad ben Isḥāq al-Nadīm, ibn al-Qifṭi und ibn abi Uṣaibi'a überliefert haben, sich vorfinden. Der Titel der Schrift „de intellectu" lautet: [2])

---

[1]) Quellenangaben in meiner Note: *Sulle opere di Ja'qūb ben Isḥāq al-Kindī* in den Rendiconti della R. Accademia dei Lincei. Vol. IV, fascicolo 3, 1895. Eine zweite (Schluß-) Note wird bald erscheinen.

[2]) *Ebendas.* S. 8, n⁰ 20 (al-Nadīm n⁰ 22, Qifṭi n⁰ 15, I. a. Uṣaibi'a n⁰ 20). Casiri, B. I, S. 353: de intellectus essentia. Flügel, *Alkindi*, S. 21: Abhandlung über das Wesen der Vernunft und die klare Entwickelung

رسالتنا في ماهية العقل والابداء عنها

„*Sendschreiben über das Wesen des Intellekts und seine Auseinandersetzung*"; der des Traktates „*de somno et uisione*": [1])

رسالتنا في علة النوم والرؤيا وما يرمز به النفس

„*Abhandlung über die Ursache des Schlafes und des Traumes und*
[über das] *was die Seele in ihm anzeigt* (eig. einen Wink mit
den Augen gibt).

Zweitens wird in der Liste der Bücher, welche Gerhard
von Cremona aus dem Arabischen übersetzte, ein *Liber iacob
alkindi de sopno* (für: *sopno*) *et uisione* — nebst dem *Liber
alkindi de quinque essentiis* — ausdrücklich erwähnt. [2])

Drittens stimmen die Überschriften der ältesten noch erhaltenen lateinischen Handschriften mit den arabischen Titeln
vollkommen überein. (Vergl. S. XV, XXII.)

Was viertens die inneren Gründe anlangt, so ist unleugbar,
daß die fraglichen Aufsätze alle die charakteristischen Merkmale
an sich tragen, welche Zeit und Ort ihrer angeblichen Entstehung uns erwarten lassen.

Schwieriger verhält sich die Sache mit den zwei übrigen
Abhandlungen.

In den Registern von al-Kindī's Werken findet sich der
Titel: [3])

كتاب رسالتنا في الاصوات الخمسة

„*Das Buch seines Sendschreibens über die fünf Worte*", welcher

---

dessen was sie ist. Hammer, *Literaturgeschichte*, B. III, S. 243: Das Buch
von der Wesenheit der Vernunft und ihrer Auseinandersetzung. — Ein Dop-
pelgänger ist der abgekürzte Titel nᵒ 216: كتاب رسالتنا في خبر العقل
(al-Nadīm nᵒ 181, Qifṭi nᵒ 156, I. a. Uṣaibi‘a nᵒ 207). Flügel, S. 31:
Abhandlung über das Wesen des Vorstandes (lies: Verstandes). Hammer,
S. 248: Abhandlung von der Vernunft. Casiri, S. 356, col. 1: de intellectu.

  [1]) *Sulle opere di Ja‘qūb ben Isḥāq al-Kindī* S. 14, nᵒ 202 (*Fihrist* nᵒ 169,
Qifṭi nᵒ 143, I. a. Uṣaibi‘a nᵒ 194). Flügel, S. 31 nᵒ 188: Abhandlung
über die Ursache des Schlafes und des Traumes und über das, was die Seele
geheimnisvoll anzeigt. Hammer, S. 248 nᵒ 172: Abhandlung über die Ursache des Schlafes und der Träume. Casiri S. 355 col. 2: De somni et
somniorum causa.

  [2]) Boncompagni, *Della vita e delle opere di Gherardo Cremonese*,
Rom, 1851, S. 6.

  [3]) *Sulle opere* etc. S. 9, nᵒ 33. *Fihrist* nᵒ 29, Qifṭi nᵒ 23.

bei Uṣaibiʻa [1]) erweitert lautet:

رسالة فى الاسمية ⸱ المخمسة اللاحقة لكل المقولات

„*Abhandlung über die fünf jedem Prädikamente zustehenden Namen*".

Casiri [2]) und Hammer [3]) bringen ihn mit dem aristotelischen Organon in Zusammenhang. Der erste übersetzt nämlich: „*de quinque praedicamentis seu de Aristotelis Organo*". Der
zweite fügt dem Titel die Worte: „*das ist das Organon des Aristoteles*" hinzu. Sie geben jedoch keinen Grund dafür an. Wahrscheinlich machen sie den Zusatz lediglich wegen der مقولات
= *κατηγορίαι*, die an das gleichnamige aristotelische Buch
erinnern. Flügel [4]) setzt ihn mit den „*quinque voces*" des
Porphyrius in Beziehung. Jedoch augenscheinlich mit Unrecht,
denn die Überschriften: [5])

رسالة فى المقولات العشر

„*Abhandlung über die zehn Kategorien*" und [6])

اختصار كتاب ايساغوجى لفرفوريوس

„*Auszug des Buches der Εἰσαγωγή des Porphyrius*" deuten auf
zwei besondere Abhandlungen über jene Themen hin. An Dop-
pelgänger ist kaum zu denken; denn dieselben befinden sich ge-
wöhnlich entweder ganz nahe bei oder in einer gewissen Entfernung
von einander. In unserem Falle aber sind sie als Numero 25,
29 resp. 32 eingetragen.

Das Wort أَسْمَاء (Plural von اسم), welches Uṣaibiʻa, vielleicht um die Abhandlung von den obigen schär-
fer zu unterscheiden, statt اصوات anwendet — wenn nicht

---

[1]) Usaibiʻa n° 31.

[2]) Casiri, S. 353 col. 2.

[3]) Hammer, S. 243.

[4]) Flügel, S. 22 n° 32: „Abhandlung über die fünf Worte oder Kate-
goreme (Prädicabilien)" — und in der Note 48: -- d. i. 1. περὶ γένους 2.
περὶ εἴδους 3. περὶ διαφορᾶς 4. περὶ ἰδίου 5. περὶ συμβεβηκότος. Vgl. des
Porphyrius Εἰσαγωγή [εἰς τὰς Ἀριστοτέλους κατηγορίας] περὶ τῶν πέντε φωνῶν
(de quinque vocibus s. in categorias Aristotelis introductio) d. i. Die Porphyrianischen Prädikabilien oder die fünf Namen, die jeder der zehn Kategorien
beigelegt werden.

[5]) *Sulle opere* etc. S. 9. n° 29 (*Fihrist* n° 25, Qifṭi n° 19, Uṣaibiʻa
n° 27, Flügel n° 28, Hammer n° 26).

[6]) *Sulle opere* etc. S. 8 n° 25 (Uṣaibiʻa n° 23, Flügel n° 25, Hammer n° 23).

einfach, wie mir höchst wahrscheinlich ist, اشبيا „Sachen"
zu lesen ist [1]) — dürfte sich wohl auf das benannte Ding beziehen. Vgl. شبيهة = „Natur". Dann erklärt sich gleich
die lateinische Überschrift „de quinque essentiis", wenn man sie
mit der Stelle des Textes „Res autem quae sunt in omnibus
substantiis, sunt quinque" vergleicht. Soviel über den Titel. [2])

Beachtung verdient auch ein anderer Umstand, die Stellung
des obigen Titels in den arabischen Katalogen. Er findet sich
nämlich unmittelbar vor dem: [3])

كتاب رسالته فى سمع لديان

„Abhandlung über die physische Anhörung (φυσική άκρόασις),"
Nun werden wir später sehen, daß die Abhandlung „de quinque
essentiis" in der That hauptsächlich Excerpte aus diesem Werke
enthält. Demnach kombiniere ich beide Titel 32. und 33. zu
einem einzigen, in dem Überschrift und Inhalt der Abhandlung
angegeben wird.

Unmittelbar vor den soeben besprochenen Titeln steht in
der Liste der Werke al-Kindī's der andere: [4])

كتاب رسالته بايجاز واختصار فى البرهان المنطقى

„Kurze und zusammengesetzte Abhandlung über den logischen Beweis" — die Bücher vom Beweis sind bekanntlich die άναλυτικά

---

[1]) Vergleiche die خمسة اشبيا der Iḫwān al-ṣafā S. 27, und
des al-Ja'qūbī (Houtsma, Chronik des Ibn Wādih al-Ja'qūbi, Leiden, 1883.
S. 148).

[2]) Der Titel nº 89 رسالته فيما نسب القدما كل واحد
من المجسمات الخمس الى العنصر „Abhandlung über das, was die Alten
von einem jeden einzelnen der fünf Körper den ursprünglichen Substanzen
beilegten" — darf nicht irreleiten. Das Wort مجسمات, Plural von

مجسم ist ein technischer Ausdruck für die geometrischen Körper. Freytag, T. I, S. 278 col. 2: „solidus", „terna constante dimensione". Dozy, Supplément, T. I, S. 195: „en relief . . . T. de Mathém.: solide, corps à trois di-
mensions". In der Vorrede des Hypsikles zum XV. Buche des Euklides werden als die „quinque corpora (المجسمات الخمسة)" Tetraëder, Kubus
u. s. w. genannt (in Cod. Bodl. 279³ in 4⁰. Nicoll S. 259 col. 2).

[3]) Sulle opere etc. S. 9 nº 34 (Fihrist nº 30, Qifṭī nº 24, Uṣaibi'a nº 32,
Flügel nº 33, Hammer nº 31).

[4]) Ebenda. nº 32 (Fihrist nº 28, Qifṭī nº 22, Uṣaibi'a nº 30, Flügel nº 31, Hammer nº 29).

πρότερα. Das entspricht gewissermaßen wohl dem Titel: „*liber introductorius in artem logicae demonstrationis*", jedoch soll dieser von seinem angeblichen Schüler Muḥammad, „Machomet", zusammengestellte Lehren enthalten.

Wer ist dieser Muḥammad?

Der Name und die Angabe „*Schüler al-Kindi's*" [1] dürften wohl auf den berühmten abū Naṣr Muḥammad ben Muḥammad al-Fārābī passen, der wirklich längere Zeit in Bagdād zubrachte und studierte, wo al-Kindī kurze Zeit vorher gelebt hatte. Jedoch stehen dem Bedenken entgegen. Al-Fārābī's Biographen berichten: [2] „Er (al-Fārābī) verließ seine Vaterstadt, in welcher er aufgezogen ward, und kam auf seinen Reisen nach Bagdād; nicht nur der türkischen, sondern auch anderer Sprachen kundig, verlegte er sich zu Bagdād aufs Arabische und dann auf philosophische Studien. Damals las zu Bagdād der greise Philosoph abū-Bišr Mattā ben Jūnus einer großen Anzahl von Zuhörern über Logik [3] und diktierte seinen Schülern den Kommentar über siebzig verschiedene Bände; in seinen Worten klar und einfach, so daß er den tiefsten Sinn mit den leichtesten Worten vortrug. Einige Gelehrte sagen, daß vorzüglich ihm al-Fārābī gleiches Verdienst verdanke. Von Bagdād begab sich dieser nach Harrān, wo Juḥanna ben Ḥailān, [4] der christliche Philosoph, Logik lehrte; von Harrān zurückgekehrt las al-Fārābī über philosophische Wissenschaften, besonders alle Bücher des Aristoteles ergründende." „Abū'l-Qāsim Ṣaʿīd ben Aḥmad ben ʿabd-al-raḥman ben Ṣaʿīd von Cordova sagt in

---

[1] Von Muḥammad ben Jazīd Dubaïs, an welchen Berthelot (*La Chimie au moyen âge.* T. III, Paris 1893 S. 4) denkt, oder von dem Muḥammad ben Mūsā ben Šākir (De Sacy *Abdollatif*, S. 487), welcher einer seiner bittersten Feinde war, kann, wie ich meine, kaum die Rede sein.

[2] Ich führe diese Stelle in der Übersetzung Hammer's an, B. IV. S. 288—289.

[3] Wir besitzen noch abū Bišr Mattā's Übersetzung der Analytica posteriora und die Kommentare, welche al-Fārābī darüber geschrieben hat. Vgl. Wenrich, *de auctorum graecorum versionibus u. s. w.*, Leipzig 1842, S. 132, 172.

[4] Die Transscription ist unsicher, denn der Name wird in den Codices schwankend خِيلان‎, جِيلان‎, جبلان‎ geschrieben.

seinen Klassen der Philosophen: al-Fārābī (der Philosoph der
Muslimin vorzugsweise) studierte die Logik unter Juḥanna
ben Ḥailān, der zu Bagdād unter der Regierung des Chalifen
el-Muqtadir gestorben. Er leitete alle Bekenner des Islams zum
wahren Verständnisse der Logik, indem er die Geheimnisse derselben enthüllte und erläuterte, und alle jene Punkte berührte,
welche al-Kindī vernachlässigt hatte, und die Anwendung der
Analogie auf alle vorkommenden Fälle lehrte. Er umfaßte das
ganze wissenschaftliche System in seiner Aufzählung und Be-
gränzung der Wissenschaften. Abū Naṣr al-Fārābī machte sich
zu Bagdād bald großen Namen und verfaßte dort seine meisten
Werke, dann reiste er nach Damaskus, ohne sich dort aufzu-
halten, und nach Ägypten. Er selbst erzählt in seinen Werken
von der Regierungskunst, daß er zu Bagdād Werke zu verfassen
begonnen und dieselben zu Kairo vollendet habe."

Hiernach fällt der Studienaufenthalt al-Fārābī's in Bagdād
in den Anfang des zehnten Jahrhunderts. [1]) Dann aber ist
schwerlich anzunehmen, daß er in diesem Zeitraum in Bagdād
persönlich den al-Kindī gekannt habe. Denn derselbe starb
wahrscheinlich gegen das Jahr 873. Nichts desto weniger dürfte
al-Kindī, „der trefflichste seiner Zeit und der einzige seines
Jahrhunderts", auch zur Zeit von al-Fārābī's Aufenthalt in Bagdād
noch einen großen Einfluß ausgeübt haben. Wir dürfen als
sicher annehmen, das er mit den christlichen, des Griechischen
kundigen Übersetzern, an deren Thätigkeit er selbst bedeutenden
Antheil nahm, lebhaften Verkehr unterhielt. [2]) Und wie seine
Schüler Aḥmad ben Mu'taṣim bi'lläh — einer der Söhne des
Kalifen, dem er ganz besonders zugethan gewesen zu sein
scheint, wie es die mehrfach an ihn gerichteten Schriften beweisen — und die, im Fihrist citierten, Ḥamawaih, Nuftamawaih,
Salamawaih und Aḥmad al-Ṭabari, so waren auch die christlichen Lehrer Fārābī's Fortsetzer seiner Spekulationen. Sein
Name lebte in den verschiedenen Übersetzungs- und Kommen-

---

[1]) Jūnus starb unter dem Ḥalifat des al-Rāḍi (934—940), Ḥailān unter
Muqtadir (908—932).
[2]) Flügel, S. 5. Vgl. Titel n° 289, an Jūḥannā ben Māsawīah.

tierungsarbeiten fort. [1]) Darauf beziehen sich die Zeilen des
schon genannten Abū'l qāsim von Cordova, welcher den durch
al-Fārābī's Verdienst den al-Kindī'schen Arbeiten gegenüber er-
zielten Fortschritt auseinandersetzt. Al-Kindī kann in mehreren
Hinsichten als der wahre Vorläufer des al-Fārābī gelten, was
nicht nur aus der Ähnlichkeit mehrerer Titel von Schriften bei-
der, [2]) sondern auch aus dem Vergleiche paralleler Stellen in
al-Kindī's und al-Fārābī's Traktaten de intellectu hervorgeht;
woraus zugleich erhellt, daß mehrere bisher dem al-Fārābī zu-
geschriebene Gedanken in der That dem al-Kindī zu vindicie-
ren sind.

In diesem Sinne kann al-Fārābī indirekter Weise als
Schüler al-Kindī's betrachtet werden, und zwar als ein solcher,
der später seinen Lehrer übertraf und die Schriften desselben
verdrängte. [3])

Wenn also der „Liber introductorius" ein von al-Fārābī in
seinen Jugendjahren, unter dem Einfluß der al-Kindī'schen Werke,
in Bagdād entstandenes und — vielleicht später in Kairo —
zusammengesetztes Buch ist, so dürfte dasselbe wahrscheinlich
ein (Anfangs-) Stück aus dem Kommentar al-Fārābī's de demonstratione sein, der von ibn-Ruśd [4]) für unvollendet gehalten
und von Albertus Magnus [5]) citiert wird — ein Zeugnis, das, wie
hier nebenbei bemerkt sein möge, zugleich ein Beleg sein dürfte

---

[1]) Hauréau, Histoire de la philosophie scolastique II Partie. T. I,
S. 19 : c'est principalement à ces commentaires qu'il dut sa grande renom-
mée. Cependant ils étaient beaucoup moins lus dans les écoles d'Espagne,
à la fin du XII° siècle, qu'ils ne l'avaient été, dans le IX° , à l'école de
Bagdad.

[2]) Steinschneider, Alfarabi, SS. 61, 70, 74, 76, 80—82, 112, 123,
124, 133, 243.

[3]) Munk, Mélanges S. 341. Vergleiche aber Steinschneider, Alfarabi, S. 8.

[4]) Averroes, Quaes. in Post. Resolut. (in Arist. Opp. latine. Venetiis
1552) f. 212 v. A; f. 376 v. B: „Totum autem hoc significat, quod liber
Abunazar De demonstratione nondum fuerit completus . . .“; f. 374 v. B.

[5]) Albertus Magnus, Analyt. post. B. II, Kap. 2 (in Opp. ed. Lug-
dun. 1651) S. 517 A: „Et haec, quae dicta sunt, de scientiis Arabum sunt
excerpta, quorum commentum super hunc posteriorum ex sententia Alfarabi
Arabis ad nos deuenit.“

für die von Steinschneider [1]) als fraglich bezeichnete Existenz
der lateinischen Übersetzung jenes Kommentars.

Die Citate, welche sich in demselben finden, lassen einen
Autor vermuten, welcher eine gewisse Vertrautheit mit Aristoteles' Werken besaß. Demgemäß könnte man versucht sein,
das Werk etwa auf al-Gazzali oder sogar auf ibn-Rośd zurückzuführen, da beide den Namen Muhammad tragen. Dann
müßte man aber natürlich auf eine Erklärung des Beinamens
„Schüler des al-Kindi" verzichten. Ich habe zu diesem Behufe
die edierten lateinischen Ausgaben dieser Autoren durchgesehen,
jedoch vergeblich, da in denselben kein Anhaltspunkt zu finden
ist. Auch zeigt der Inhalt des „Liber introductorius" einen
starken Einfluß und eine öftere Ausnutzung der neuplatonischen
Kommentatorenlitteratur an, welche mit dem durch einen rei-
neren Aristotelismus und zugleich durch originellere Selbständig-
keit gekennzeichneten Charakter dieser Philosophen unverein-
bar ist.

II.

Man hatte bis zu unseren Tagen alle philosophischen
Werke al-Kindi's als verloren betrachtet. Dieser Meinung waren
noch Munk [2]), Hammer [3]), im ganzen auch Steinschneider [4])
und, wie es scheint, auch Wüstenfeld [5]). Freilich war schon

---

[1]) Steinschneider, Alfarabi, S. 5 Note 8. — Es wäre wünschenswert, wenn das Verhältnis dieses „liber introductorius" zu der arabischen
Handschrift, Florenz CCXLV (Assemani, S. 367, Wenrich, S. 132, die
aber in dem Muhammad b. Muhammad b. Tarhan, den die Handschrift als
Verfasser nennt, nicht den al-Fārābī erkennen) festgestellt würde.

[2]) Munk, Mélanges S. 340: Il ne nous reste maintenant d'Al-Kendi que
quelques traités de médicine et d'astrologie.

[3]) Hammer, Literaturgeschichte, III, S. 250—251: Von el-Kindi's zahl-
reichen Werken, welche die Zahl von zweihundert übersteigen, sind in Europa nur zwei und von diesen beiden nur eines im Druck bekannt gewor-
den (Alchindi de medicinarum compositarum gradibus), das andere aber in
Handschrift geblieben (Alchindi de sex quantitatibus).

[4]) Steinschneider, Alfarabi, S. 7: Da gerade von den philosophischen
[Schriften el-Kindi's] im engeren Sinne des Wortes sich fast nichts erhalten
hat. — Doch vgl. weiter unten S. 13 mit Anm. 8.

[5]) Wüstenfeld, Geschichte der arabischen Ärzte, S. 22, wo philosophische Schriften in der Liste der erhaltenen Werke nicht angegeben sind.

durch Jourdain [1]) die Aufmerksamkeit auf die in Paris erhaltenen lateinischen Übersetzungen der Schriften „*de intellectu*" und „*de somno et uisione*" gezogen.

Nach ihm werden dieselben von Flügel [2]) — in seiner mehrfach citierten Monographie — und von Hauréau [3]) erwähnt. Überdies nutzt Hauréau [4]) in demselben Werke das zehnte Kapitel des auch von Munk [5]) hervorgehobenen Traktates „*de erroribus philosophorum*" aus, in welchem von einem Anonymus verschiedene philosophisch-theologische Behauptungen al-Kindī's bekämpft werden, und giebt später [6]), den Cod. Nat. 16613 besprechend, eine nähere Notiz über „*de somno et uisione*". Menendez Pelayo [7]) stützt sich auf diese Ergebnisse. Steinschneider [8]) hat sich ferner speciell mit dem Traktat „*de intellectu*" beschäftigt, seine Wichtigkeit hervorgehoben, sieben Handschriften desselben nachgewiesen und dessen Veröffentlichung anempfohlen.

Von dem Werkchen „*de quinque essentiis*" hatten wir bis jetzt nur vage und spärliche Notizen. Obwohl es in älteren Catalogen notiert und von Bayle [9]) genannt ist, war Lakemacher [10]) in Zweifel, ob er es den medizinischen oder den phy-

---

[1]) Jourdain, *Recherches*, S. 123 nn. 4, 5, 8.

[2]) Flügel, *Alkindī*, S. 53: außerdem wurden durch Gerardus Cremonensis lateinisch übersetzt sein Liber de somno et uisione und De ratione, nicht zu verwechseln mit der Schrift De intellectu (Wenigstens nach Jourdain a. a. O. S. 123.). — Vergl. S. XX.

[3]) Hauréau, *Histoire de la philosophie scolastique*. II Partie T. I. S. 19: Ils (les commentaires sur Aristote) ne furent donc pas traduits en latin à l'usage de nos docteurs. Nos docteurs ne connurent, sous le nom d'Al-Kendi, que des traités originaux sur les facultés de l'entendement, la raison, le sommeil et le rêve et sur diverses questions d'arithmétique et d'astronomie.

[4]) a. a. O. SS. 19—22.

[5]) Munk, *Mélanges*, SS. 340—341.

[6]) Hauréau, *Notices*, T. V, S. 195, 200—201.

[7]) Menendez Pelayo, *Historia de los heterodox osespañoles*, I., Madrid 1880. S. 377.

[8]) Steinschneider, *Alfarabi*, S. 188—189.

[9]) Bayle, *Dictionnaire historique et critique*. T. I S. 174.

[10]) Lakemacher, *De Alkendi Arabum philosopho u. s. w.* Helmstadt 1719. S. 14 § XIII: „de quinque essentiis" forte et inter scripta Alkendi locum sibi uindicat, nisi ad physica istud referre malis.

sischen Werken beizählen sollte. Wüstenfeld [1]) citiert es unter den Übersetzungen Gerhard's von Cremona: *liber Alkindi de quinque essentiis*", und es ist ihm in drei Codices (Oxford 1818, Paris 9335, 14700) bekannt. Der *„liber introductorius in artem logicae demonstrationis"* ist meines Wissens bis jetzt unerwähnt geblieben.

Dieses sind die einzigen erhaltenen Abhandlungen philosophischen Inhalts, welche ausdrücklich dem al-Kindī zugeschrieben werden. Vielleicht könnte man in einigen späteren, meistens pseudonymen oder anonymen Schriften Spuren von al-Kindī'schen Werken herausfinden. Das ist aber eine Frage, die hier nicht näher erörtert werden kann. — Während wir von anderen Werken die arabischen Originale und von einigen auch hebräische Übersetzungen besitzen, sind die philosophischen uns nur in lateinischen Redaktionen überliefert. Wenden wir uns zur Betrachtung derselben.

Wie schon gesagt, wurden die beiden Werke *„de somno et uisione"* und *„de quinque essentiis"* von Gerhard von Cremona zwischen 1167—1187 [2]) in Cordova aus dem Arabischen ins Lateinische übersetzt. Daß der lateinische Text von *„de somno et uisione"*, welchen wir besitzen, wirklich dieselbe Übersetzung ist, bestätigt uns die Überschrift eines der ältesten Codices (Paris Nat. 16613, aus dem XIII. Jahrhunderte): *„Incipit liber de sompno et uisione quem edidit Jacobus alchinnus. Magister vero Gerardus cremonensis transtulit ex arabico in latinum."* Die Handschriften von *„de quinque essentiis"* tragen hingegen nicht den Namen des Übersetzers. Doch kann dies zu keinerlei Bedenken Anlaß geben, da Gerhard bekanntlich keiner der von ihm angefertigten Übersetzungen seinen Namen beigesetzt hat. [3]) Übrigens ist der sprachliche Charakter von *„de quinque essentiis"* ganz und gar derselbe, wie er uns in *„de somno et uisione"* und

---

[1]) Wüstenfeld, *Die Übersetzungen arabischer Werke in das Lateinische*, S. 67 n° 41.

[2]) Bardenhewer, *Die pseudo-aristotelische Schrift Über das reine Gute, bekannt unter dem Namen Liber de causis*. Freiburg i. Br. 1882. S. 145.

[3]) Boncompagni, *Della vita e delle opere di Gherardo Cremonese*: S. 3 . . . *cum nulli eorum* [sc. librorum] *nomen suum inscripsisset*.

in anderen nachweislich von Gerhard herrührenden Übersetzungen entgegentritt. [1]) Der Traktat „de intellectu" ist, wie wir später sehen werden, in zwei verschiedenen lateinischen Redaktionen vorhanden. Die eine trägt den Titel „de intellectu", die andere „de ratione". Beide werden von Jourdain [2]) und nach ihm von Anderen dem Gerhard zugeschrieben. Die Thatsache, daß sich dieselben im Register der Übersetzungen nicht finden, wäre kein Hindernis für diese Annahme, denn wir wissen, daß dasselbe unvollständig ist. [3]) Ich glaube, daß die Übersetzung mit dem Titel „de ratione" wirklich von Gerhard herrührt, und zwar aus folgenden Gründen: Erstens, weil manche Stellen derselben fast wörtlich in der Gerhard'schen Übersetzung von „de somno et uisione" wiedergegeben sind. Zweitens, weil der Cod. Par. Nat. 6443 folgende Überschrift trägt: „Verbum Jacob alkin de intentione antiquorum in ratione, translatum a magistro Gerardo cremonensi."

Die andere Version mit dem Titel „de intellectu" dürfte die Arbeit eines anderen Übersetzers sein, vielleicht des Johannes Hispalensis.

Dem letztgenannten, wahrscheinlich unter Dominicus Gundissalví's Mitarbeit, ist auch die Übersetzung des „liber introductorius in artem logicae demonstrationis" beizulegen, weil sie sich in den Handschriften unter anderen Werken desselben Verfassers befindet, und weil die freieren, korrekteren Züge des Stils und des Gebrauches der lateinischen Sprache [4]) auf die obengenannten spanischen Gelehrten schließen lassen.

Die sowohl in diesem Buche, als in „de somno et uisione" unübersetzt gebliebenen Wörter weisen unstreitbar auf ein arabisches Original hin. [5]) Es finden sich auch Qurān-Citate.

---

[1]) Bardenhewer, Liber de causis, S. 148—149.

[2]) Jourdain, Recherches, S. 123.

[3]) Boncompagni, a. a. O. S. 12.

[4]) Menendez Pelayo, a. a. O. S. 401 Anmerk.: como se ve, Gundisalvo tiene cierta perspicuidad y hasta elegancia en su latin. Bajo todos conceptos es el escritor español mas notable del siglo XII.

[5]) „asarab", „ahlagat", Hamet filio Nazir ... Siehe Wortregister.

. Es wäre hier der Ort, die Einwirkung der Werke al-Kindī's
auf das Gebiet der arabischen und jüdischen Philosophie zu besprechen und dann die Verwendung der lateinischen Übersetzungen in der christlichen Litteratur des Mittelalters zur Dar-
stellung zu bringen. Das wird aber erst dann möglich sein,
wenn genügende Vorstudien und gute kritische Ausgaben der
mittelalterlichen Autoren angefertigt sein werden, und soll demgemäß weiteren Forschungen überlassen bleiben. Es wurden
freilich einige Citate bei Māsawīah, al-Razi, [1]) ibn-Sīna und ibn-
Rośd [2]) schon von Tiraquelli [3]) hervorgehoben und von Fabricius [4]) wiedergegeben, andere von Steinschneider [5]) hin-
zugefügt; aber alles das bezieht sich nur auf medizinische Werke.

Bei al-Birūni und Taifaśi befinden sich Citate über
Edelsteine. [6])

Dagegen ist außer in den schon am Anfange erwähnten
bio-bibliographischen Schriften von al-Nadīm, al-Qifṭī, ibn
abi Uṣaibi'a, Ḥaġġi Ḥalīfah, ibn Ḥallikān, al-Kindī in Be-
treff philosophischer Fragen auch von ibn-Rośd [7]) manchmal
genannt und citiert.

Hebräisch finden sich nur die Übersetzungen dreier klei-
ner astronomischer und astrologischer Traktate.   Citiert wird
al-Kindī von Abraham ben Esra. [8])

Im christlichen Abendlande war al-Kindī auch vorzugs-

---

[1]) *El-hawi*, I cap. 3, 9. II cap. 3, IV cap. 1.

[2]) *Colliget* Vol. V cap. 57–58.

[3]) Andreae Tiraquelli, *de nobilitate et de jure primigeniorum.*
Basileae 1561, SS. 334, 364, 374 = Lugduni 1566, SS. 254–255, 278, 286.

[4]) Jo. Alberti Fabricii *Bibliothecae Graecae* Vol. XIII. Hamburgi
1726 SS. 48, 54, 175, 306, 368. — Vergl. Albert Haller *Bibliothecae chirur-
gicae.* Basileae 1774. T. I, S. 123. *Bibliothecae medicinae practicae.* Basileae
1776. T. I. S. 351.

[5]) Steinschneider, *Baldi, Vite di matematici arabi*, S. 11 Anm. 3;
Rasis, al-hawi, tract. XVI, cap. I (fol. 327 col. 2 ed Venet. 1506). Vergl.
Zeitchrift der deutschen morgenländischen Gesellschaft, T. XXIV, S. 588.

[6]) Steinschneider, *Arabische Lapidarien* (Zeitschrift der deutschen
morgenländischen Gesellschaft, 1895) S. 248.

[7]) Z. B. *de caelo*, cap. III, super them. 35.

[8]) Steinschneider, *Die hebräischen Übersetzungen des Mittelalters.*
Berlin 1893. SS. 562—565.

weise als Mathematiker, Arzt und Astrolog bekannt, und als
solcher wird er u. a. von Bruno, Roger Baco, Cardanus [1])
gerühmt.

Schon frühzeitig aber werden seine theologischen Ansichten
in Betracht gezogen und theilweise bekämpft. Wir erwähnen
hier: die „*Demonstratio errorum qui in dissertatione Abi Iosephi
Iacobi filii Isaac al-Kindi aduersus Christianos occurrunt*" von
Jahja ben 'Adi ben Ḥamid ben Zakarija dem Jakobiten († 974)
in cod. Vat. 127, [2]) den schon citierten anonymen „*Tractatus
de erroribus philosophorum*" und dann „die Nachwirkung, welche
seine Ansichten (über spekulative Theologie) in den Schriften
des Alexander Alesius (von Hales), des Heinrich von Gent
und des Johann Fidanza (Bonaventura) zeigen". [3])

Im Folgenden soll von den hier publicierten Schriften al-
Kindī's eine kurze Charakteristik gegeben werden, wobei ich
mir vorbehalte, in den Anmerkungen einige speziellere Beziehungen und Parallelstellen aus anderen Autoren zu notieren.

III.

Im Traktate „*de intellectu*" haben wir eine der frühesten
und innerhalb der arabischen Philosophie wohl die erste Dar-
stellung jener berühmten Lehre vom Intellekt, welche sich später
bei al-Fārābī wiederfindet, um dann erst von ibn Rośd ihre be-
kannte endgiltige Form zu erhalten. Also nicht weniger als drei
Jahrhunderte vor diesem erscheint sie in ihren Grundzügen, vor
allem die Vierteilung des Intellekts in den $\nu o \tilde{v} \varsigma \, \dot{\epsilon} \nu \, \delta \nu \nu \acute{a} \mu \epsilon \iota$, den
$\nu o \tilde{v} \varsigma \, \dot{\epsilon} \nu \, \dot{\epsilon} \nu \epsilon \rho \gamma \epsilon \acute{\iota} \alpha$, den $\nu o \tilde{v} \varsigma \, \dot{\epsilon} \pi \acute{\iota} \kappa \tau \eta \tau o \varsigma$ und den $\nu o \tilde{v} \varsigma \, \pi o \iota \eta \tau \iota \kappa \acute{o} \varsigma$ (arabisch: عقل مستفاد, عقل ذو الفعل, عقل بالقوّة, عقل بالفعل).

Es ist bemerkenswert, daß auch al-Kindī, wie al-Fārābī [4]),
als Urheber dieser Teilung den Aristoteles nennt. Dieselbe wird

---

[1]) Flügel a. a. O. S. 1.

[2]) Steinschneider, *Polemische und apologetische Literatur in arabischer Sprache.* Leipzig 1877, S. 130.

[3]) Prantl, *Geschichte der Logik im Abendlande*, Bd. II, 2. Aufl. Leipzig
1885, S. 308.

[4]) Dieterici, *Alfārābī's philosophische Abhandlungen*, Leiden 1890.
S. 42 Z. 8—9.

sogar den „*primi sapientes*" und speciell dem Plato und Aristoteles zugeschrieben: „sermonem . . . de intellectu secundum
sententiam Platonis et Aristotelis. sed sententia eorum est
quod intellectus est secundum quatuor species." [1]) Nun ist es
bekannt, daß Aristoteles [2]) in seiner Schrift über die Seele den
Begriff des *νοῦς ποιητικός* und Alexander von Aphrodisias [3])
den des *νοῦς ἐπίκτητος* einführten; aber keiner von beiden kennt
vier Arten des Intellekts. Sonach haben entweder die Araber
diese Namen nur citiert, um der von ihnen dargestellten Lehre
durch die Autorität der beiden mehr Gewicht zu verleihen, oder
dieselben sind auf eine uns unbekannte, wahrscheinlich unterge-
schobene Quelle zurückzuführen. Welche von diesen beiden An-
nahmen die zutreffende ist, auf diese Frage wird sich zur Zeit
eine entscheidende Antwort nicht geben lassen. Eine solche
wird erst mit einer gründlichen und genaueren Kenntnis der
alexandrinischen und syrischen Litteraturen möglich werden.
Meinerseits neige ich zu der zweiten Hypothese, weil der Einfluß neuplatonischer Lehren schon, und möchte ich sagen, besonders, in diesen ersten Erzeugnissen der arabischen Speku-
lation sich geltend gemacht hat. Deutliche Spuren derselben
werden sich auch in den anderen drei Traktaten, insbesondere
in „*de quinque essentiis*" und fast im ganzen „*liber introductorius*" vorfinden. Überdies erinnere ich daran, daß eine der
verbreitetsten und einflußreichsten pseudo-aristotelischen Schriften, nämlich die sogenannte „*Theologia Aristotelis*" eben von
al-Kindī revidiert und veröffentlicht wurde. [4]).

Der Traktat ist sehr kurz, wirklich ein „*sermo brevis*", und
in Form eines Auszugs verfaßt.

Nachdem al-Kindī die vier Intellekte genannt und definiert
hat (S. 1 Z. 10—S. 2 Z. 3), beschreibt er in einer Reihe von
Sätzen, welche beständig als von Aristoteles herrührend angeführt werden, das Verfahren, durch welches die Seele die

---

[1]) S. 1 Z. 7—12.
[2]) Aristoteles, *De anima*, III cap. 5.
[3]) Vergl. Zeller, *Die Philosophie der Griechen*. Bd. III, 1. Th. S. 796.
[4]) Vergl. Dieterici, *Die sogenannte Theologie des Aristoteles*, Leipzig 1882.

intellektuellen Formen erkennt. In einer Stelle wird das intel-
lektuelle Vermögen mit dem sinnlichen verglichen und die These
aufgestellt, daß das Gedachte *(intellectum)* in der Seele nichts
anders als das Denkvermögen, das Denkende *(intellectus)*, die
Seele selbst ist, wie das Empfundene *(sensatum)* in der Seele
das Empfindungsvermögen, der Empfindende *(sensus)*, die Seele
selbst ist (S. 5—7).

Derselbe Gedanke kehrt wieder in den folgenden Traktaten
„*de somno et uisione*" und dem „*liber introductorius*".

Auf diese Auseinandersetzung folgt eine Art Schluß, in
welchem das gegenseitige Verhältnis aller vier Arten des Intel-
lektes besprochen wird (S. 9—11).

Der Eindruck, welchen man aus der Lektüre sowohl dieses
als der folgenden Traktate bekommt, kann einigermaßen den
Tadel des abū'l-qāsim Ṣa'īd ben Aḥmad al-qurtubī rechtfertigen.
Dieser sagt:[1] „Ich kann nicht läugnen, daß seine logischen
Schriften von aller Welt gern gekauft werden, allein der aus
ihnen für die Wissenschaften zu gewinnende Nutzen ist gering,
da sie von der analytischen Methode, welche allein den Weg
zeigt, um bei allen Untersuchungsgegenständen das Wahre vom
Falschen zu unterscheiden, ganz absehen. Kindī hält einzig an
der Synthese fest, von der nur ein beschränkter Teil wegen der
Sätze, die jeder zu gewinnenden und unserm Wissen zuzuführ-
renden Überzeugung vorauszuschicken wären, Nutzen zieht.
Allein die vorauszuschickenden Sätze jedes Untersuchungsgegen-
standes werden nur durch die Analyse gefunden, und ich weiß
nicht, was Kindī von der Anwendung dieser Methode abgehalten
hat, ob Unterschätzung ihres Wertes, oder irgend eine Absicht,
sie den Menschen vorzuenthalten. In jedem Falle ist sie eine
Beeinträchtigung; außerdem zeigen sich in den vielen Schriften
Kindī's über eine große Anzahl Wissenschaften seine verderb-
lichen individuellen Ansichten und seine von der Wahrheit ent-
fernten Doktrinen, wozu Andere den Mangel an schlagenden
Beweisen fügen, an deren statt er Redner und Dichter sprechen läßt." Und in der That, die Schrift ist ausschließlich

---

[1] Flügel, a. a. O. S. 16.

behauptender und beschreibender Natur und ermangelt jeder
Beweisführung. Sie stützt sich lediglich auf Autoritäten und
allgemeine Aussagen. · Auch läßt sich in derselben die ihm
von ibn Rośd [1]) vorgeworfene Methode wiedererkennen, d. h.
seine übermäßige Vorliebe für mathematische Einteilungen und
für Symmetrie. Jedoch sind diese beiden Fehler, welche man
auch in „de somno et uisione“ und „de quinque essentiis“ bemerken kann, nicht als ausschließlich ihm eigentümliche zu betrachten, sondern sind in jener Zeit allgemein verbreitet und
entsprechen den damaligen Verhältnissen und Tendenzen.

Wie schon oben bemerkt wurde, sind von dem al-Kindī'-
schen Werkchen über die Vernunft zwei lateinische Redaktionen
vorhanden. Sie weichen aber lediglich in der Wiedergabe einiger Worte von einander ab. Z. B. während die eine die
arabischen Wörter عَقْل (νοῦς), مَعْقُولَات (νοούμενα), عَقَل
(νοεῖσθαι) u. s. w. mit „intellectus“, „intelligibile“, „intelligere“
u. s. w. wiedergiebt, übersetzt sie die andere mit „ratio“,
„rationale“, „rationari“, und so fort. Für مُسْتَفَاد hat die eine
„adeptus“, die andere „adquisitus“ oder „repositus“; für يُحَسَّن
oder مِن قِنَل die eine „secundum“, die andere „ex parte“. Dem
Inhalte nach sind sie vollkommen identisch. Sie sind demgemäß zwei Übersetzungen eines und desselben arabischen Ur-
textes. Jourdain [2]) und nach ihm Flügel [3]) haben sie irrig
als zwei verschiedene Werke angesehen. Beide sind in meiner
Ausgabe in zwei parallelen Reihen nebeneinander gedruckt,
damit die Übereinstimmungen und die Abweichungen besser
hervortreten.

Es ist von Wichtigkeit, das Verhältnis dieses Traktates
„de intellectu“ zu den gleichnamigen von Alexander Aphrodisiensis
und von al-Fārābī ins Auge zu fassen: mit dem ersteren, um
die Benutzung desselben als Quelle und um die Fortentwickelung

---

[1]) A v e r r o e s , *Colliget*, Bd. V, cap. 57.

[2]) J o u r d a i n , a. a. O. S. 123.

[3]) F l ü g e l , a. a. O. S. 34. — Vgl. S. 13 Anmerkung 2.

desselben, mit dem zweiten, um den Einfluß des al-Kindī'schen
Werkes auf al-Fārābī zu eruieren. Die betreffenden Parallelstellen werden in den Anmerkungen angegeben. Die lateinischen Übersetzungen aller drei Traktate, d. h.
Alexander's, al-Fārābī's und al-Kindī's in der Redaktion „de intellectu", weisen auf einen gemeinsamen Übersetzer hin. Er ist
aber wahrscheinlich mit Gerhard von Cremona nicht zu
identificieren, welcher, wie S. XV gezeigt ist, der Übersetzer
von „de ratione" zu sein scheint. Jourdain [1] vermuthet, daß
Albert der Große in seiner Schrift „de intellectu" dieses Werkchen ausgenutzt hat.

IV.

Der Traktat „de somno et uisione" kann in drei Kapitel
geteilt werden.

Nach einem kurzen Prolog (S. 12 Z. 4—14) giebt der Verfasser im ersten Teil (S. 12—18) die Definition des Schlafes:
„somnus est demissio usus ab anima omnium sensuum" (S. 13
Z. 15) und die Erklärung des Traumes, indem er die Aufmerksamkeit auf zwei verschiedene Seelenvermögen richtet, d. h. auf
die sinnliche und die einbildende Kraft („uirtus sensitiua" und
„uirtus formatiua uel imaginatiua"). Die letzte ist sowohl während des Wachens, als während des Schlafes thätig; jedoch in
höherem Grade im Schlafe (S. 14 Z. 9—12). Er hebt die Un-
terschiede zwischen beiden Vermögen und die Vorzüglichkeit der
„imaginatiua" hervor. Am Ende des ersten Kapitels giebt er
folgende Definition des Traumgesichtes (S. 18 Z. 1—2): „uisio
est cum anima utitur cogitatione et dimittit usum sensuum ex
parte sua."

Im zweiten Kapitel (S. 18 Z. 7—S. 23 Z. 8) erörtert al-
Kindī folgende Fragen:

---

[1] Jourdain, a. a. O. S. 320—321. Zu Albert's „de intellectu et in-
telligibili" (Opp. t. V, p. 339): „cuius (sc. Aristotelis) librum de hac scientia
licet non uidimus, tamen discipulorum eius plurimorum de hac materia quam
plurimos et bene tractatos perspeximus libros et epistolas" sagt er: Quant
aux lettres et aux traités dont il parle, ce sont ceux d'Alexandre, d'Alkindi
et d'Alfarabius.

1. Quare uideamus quasdem res antequam sint? — Vorhersehen der Sache.

2. Quare uideamus quasdam res, cum interpretatione significantes res antequam sint? — Vorhersehen von Zeichen der Sache.

3. Quare uideamus quasdam res, facientes nos uidere contrarium earum? — Vorhersehen des Gegenteils der Sache.

Und seine Gegensätze:

4. Quare uideamus res et non uideamus eas?

5. neque uideamus earum interpretationes?

6. neque uideamus contrarium earum?

Mit der Betrachtung aller derartigen Fälle sind gewiß alle Möglichkeiten des Vorhersehens erschöpft; natürlich aber keinerlei Grund oder Erklärung der Vorhersagungen gegeben.

In diesem Kapitel befindet sich ein Stück (S. 18 Z. 19 — S. 20 Z. 2), in dem der Verfasser eine Lehre Plato's darlegt, und welches fast wörtlich sich in „de ratione" wiederfindet.

Im dritten Kapitel (S. 23 Z. 10 – S. 27 Z. 12) stellt sich al-Kindī zur Aufgabe, die Ursachen des Schlafes darzuthun, und führt dieselben auf physiologische Prozesse zurück. Am Ende findet sich in einer Handschrift (Par. nat. 16613) Folgendes: „Expliciunt cause sompni". Soll sich das auf den Titel des letzten Kapitels, oder auf den ganzen Traktat beziehen? In demselben Codex liest man in dem von alter Hand niedergeschriebenen voranstehenden Index: „Item, liber Iacobi Alchuini de causis sompni et uigilie a magistro G. Cremonensi ex arabico in latinum translatus". Die „causae somni" würden auffallenderweise mit dem arabischen Titel: رسالـ... فى علّـة النوم u. s. w. übereinstimmen.

Wenn man diesen Traktat mit dem des Aristoteles „de somno et uigilia" vergleicht, sieht man, daß er sowohl der Anordnung, als dem Inhalt nach von ihm gänzlich verschieden ist. [1] Dem al-Kindī'schen „de somno et uisione" lag vielmehr eine Bearbeitung zugrunde, in welcher die drei aristotelischen

---

[1] Vgl. Hauréau, Notices, T. V S. 201.

Traktate „*de somno et uigilia*", „*de insomniis*" und „*de diuina-tione per somnum*" ineinander verschmolzen waren. Einige De-finitionen hier und da erinnern an die entsprechenden des Ari-stoteles. So vergleiche man „somnus igitur est dimissio usus ab anima omnium sensuum (S. 13 Z. 15) . . . est cum dimittit uiuus . . . usum omnium sensuum" (S. 13 Z. 19—21) mit: τῆς δ᾽ αἰσθήσεως τρόπον τινὰ τὴν μὲν ἀκινησίαν καὶ οἷον δεσμὸν τὸν ὕπνον εἶναί φαμεν. [1] — „hoc enim membrum (cerebrum) positum est omnibus istis uirtutibus naturalibus . . . nam sicut cum cerebro superuenit corruptio instrumento uirtutum naturalium administratarum illi membro a cerebro, similiter accidit id sen-sui . . ." (S. 15—16, 20—24) mit: τοῦ γὰρ κυρίου τῶν ἄλλων πάντων αἰσθητηρίου καὶ πρὸς συντείνει τἆλλα, πεπονθότος τι, συμπάσχειν ἀναγκαῖον καὶ τὰ λοιπὰ πάντα [2] u. s. w. Diesen Übereinstimmungen stehen jedoch viele Verschiedenheiten gegen-über. Es handelt es sich dabei um Gedanken galenischen oder neuplatonischen Ursprungs. Einige Anklänge mit Synesius' Schrift „*de somnis*" deuten vielleicht auf eine solche gemeinsame Quelle hin.

Im Großen und Ganzen kann also das Urteil Hauréau's [3] beibehalten werden: „Quant au livre („*de somno et uisione*") ce n'est pas une version du traité d'Aristote intitulé „du Sommeil et de la Veille"; c'est un écrit original du philosophe arabe."

Es wäre wünschenswert, das Verhältnis dieses Traktates zu anderen späteren Bearbeitungen desselben Themas klarzu-stellen, z. B. zu ibn-Sīna's „*de anima*", IV Kap. 2; zu dem zweiten Buche der Paraphrase des ibn-Ruśd „*de sensu et sen-sato*", und speciell zu dem von Salomo ben Moses aus Melgueil aus dem Lateinischen ins Hebräische übersetzten Traktate „*de somno et uigilia*", welcher nach Steinschneider [4] mit den Worten anfängt: „Aristoteles sagt: es ist meine Absicht, die Ursache des Schlafes und des Wachens zu erläutern".

---

[1] Aristoteles, de somno et uigilia, 1, p. 454 b. 25—26.

[2] *A. a. O.* c. 2, p. 455 a 33—b 1.

[3] Hauréau, *Notices* T. V S. 201.

[4] Steinschneider, *Die hebräischen Übersetzungen des Mittelalters*, S. 284 (§ 153). — Andere Werke über den gleichen Gegenstand bei Stein-schneider, *Die parva naturalia des Arist.*, ZDMG, Bd. 37 S. 487 und Bd. 45 S. 449.

Einen tiefgreifenden Einfluß unseres Traktates finden wir
bei Albert dem Großen, in dessen „*de somno et uigilia*" al-Kindī
sogar ausdrücklich genannt wird, in den gedruckten Werken [1]
freilich mit den verstümmelten Namen: *Alchimidi*, *Alchamadi*,
Adamidin oder *Adamidin* . . . So bezieht sich die erste Definition: „Sic igitur intelligitur quod somnum diximus esse impo-
tentiam et ligamentum sensuum. Hoc autem est supra 5. phy-
sicorum concordanter hoc dicentium, scilicet Algazel, Auicennae,
Alpharabii, Auerrois et Alchimidi philosophi" [2] auf die schon
früher (S. XXIII) als Anklang an Aristoteles citierte Stelle. —
Ebenso entspricht die Erklärung: „Dixit autem Alchamadi Philosophus et uidetur Auerroes praebere assensum, quod somnus
est uigor et confortatio sensus spiritualis et debilitas et (im
Drucke: est) uinculum sensus corporalis; uigilia autem e con-
uerso uigor et confortatio sensus corporalis et debilitas sensus
spiritualis. Quod dictum uerissimum est . . ." [3] dem Anfange
des ersten Kapitels (SS. 13—14), speciell den Worten: „et haec
quidem uirtus (sc. formatiua, der „sensus spiritualis" des Albertus) perficit suas operationes in dispositione somni et uigiliae.
uerumtamen in somnis est magis apparentis operationis et formationis, quam in uigilia" (S. 14 Z. 9—13). — Aus der lan-
gen Erörterung (S. 15—S. 17 Z. 24), die den folgenden Teil
desselben Kapitels ausmacht, und zu welcher der Glossator des
cod. Par. Nat. 6443 bemerkt: „Nota quod per totam istam co-
lumnam ostendit quod uirtus formatiua sit perfectior quam sensitiua, et hoc multis rationibus et exemplis" ergiebt sich als
Schluß der Satz Albert's: „dixit etiam idem Philosophus quod
sensus spiritualis dignior est quam corporalis . . ." [4] Das vierte
Kapitel des zweiten Traktates [5] derselben Abhandlung des

[1] *Opp.* ed. Jammy, Lugduni 1651, T. V, S. 70 col. 1, S. 71 col. 2
u. s. w. Auch speciell: *Parva naturalia*, Venetiis. her. O. Scoti 1517. fol. 27
col. 2. fol. 27 v. col. 1, fol. 29 col. 1.

[2] *De somno et vigilia*, Lib. I, tract. I cap. VII. — *Opp.* S. 70 col. 2. —
Parva naturalia, fol. 27 col. 2.

[3] *A. a. O.* Lib. I, tract. I, cap. IX. — *Opp.* S. 71 col. 2. — *Parva naturalia*, fol. 27 v. col. 1.

[4] *Ibidem.*

[5] *Opp.* T. V. S. 76 col. 1. — *Parva naturalia*, fol. 29 col. 1.

Albertus Magnus ist eine „digressio declarans quatuor causas somni secundum Auerroem et Adamidim". Der Verfasser sagt ausdrücklich „nos autem ad intelligendum praedicta et sequentia interponemus sententiam Auerrois et Adaminin . . ." und benutzt thatsächlich, wie es sich aus mehreren Parallelstellen erweist, das letzte Kapitel unseres „*de somno et uisione*".

V.

Das Werkchen „*de quinque essentiis*" enthält eine naive Erklärung einiger Grundbegriffe der aristotelischen Physik: οὐσία, εἶδος, τόπος, κίνησις und χρόνος. Es bezieht sich vorzugsweise auf das IV. Buch der φυσικὴ ἀκρόασις, so daß es als ein äußerst verkürzter Auszug desselben betrachtet werden kann, in dem aber hinsichtlich gewisser Punkte mehrere Stellen wörtlich reproduziert sind. Es finden sich Beziehungen auf die *Kategorien*, *Analytiken*, *Topik* und auf *De caelo*. Die beiden ersten werden ausdrücklich citiert: „sapiens Aristoteles ubi dialecticam incipit" (S. 28 Z. 2), „quemadmodum ostendimus in libro categoriarum" (S. 28 Z. 10). Vgl. Anmerkungen. Das Citat aus *De caelo* bestätigt die Notiz bei ibn-Ruśd. (Siehe S. 69, Anmerkung zu 31,3.) Es ist außerdem Plato (Timaeus), nebst anderen Philosophen, erwähnt (S. 37 Z. 11).

Mehrere Stellen dieses Traktates begegnen uns auch in der Encyclopädie der Iḫwān al-ṣafā wieder. So gleich in der Vorrede: „Res autem quae sunt in omnibus substantiis sunt quinque; quarum una est hyle, et secunda est forma, et tertia est locus, et quarta est motus, quinta autem est tempus". (S. 30 Z. 15—17) und:

والاصل فى هذا العلم هو معرفة خمسة اشياء وهى الهيولى
والصورة والحركة والزمان والمكان

(*Die Abhandlungen der Ichwân es-safâ* in Auswahl. Zum ersten Mal aus arabischen Handschriften herausgegeben von Dr. Fr. Dieterici. Leipzig, Hinrichs, 1883—1886. S. 24, Z. 3—4). „In primis itaque oportet nos scire quod principia ex quibus est omnis res, sunt duo istorum quinque. et sunt hyle et forma.

quare necessarium est nobis ut incipiamus exponere haec duo ante alia tria" (S. 31 Z. 18—S. 32 Z. 1) und:

وما فيها من المعانى اذا أضيف بعضها الى بعض احتجنا ان

نذكر فى هذه الرسالة طرفا من معنى الهيولى والصورة شبه المدخل

والمقدمات نيدون اقرب الى فهم المبتدءين بنظر فى علم الطبيعيات

واسهل على تعليمهم (Ebendaselbst S. 24 Z. 5—6). Die ganze Einteilung des XIV. Artikels (Ebenda. S. 24—43), welcher als Einleitung zur Abhandlung „über das Wesen der Natur" في ماهية الطبيعة. vorangestellt ist, ist identisch mit der des Traktats „de quinque essentiis".

Auf einige einleitende Bemerkungen folgen nämlich fünf Kapitel, in denen jede der fünf „essentiae" besprochen ist: „sermo de hyle" (S. 33 Z. 16—21), „sermo de forma" (S. 34 Z. 3—S. 35 Z. 10), „sermo de motu" (S. 35 Z. 13—S. 37 Z. 5), „sermo de loco" (S. 37 Z. 8—S. 38 Z. 23) und „sermo de tempore" (S. 39 Z. 3—S. 40 Z. 7); ebenso wie bei den iḫwān al-ṣafā die Abteilungen:

فى الهيولى والصورة (S. 24—30).

فى ماهية المكان (S. 30—32),

فى ماهية الحركة (S. 32—35) und

فى ماهية الزمن (S. 35—37).

Es wiederholen sich ferner dieselben (aristotelischen) Definitionen, wie man in den Anmerkungen sehen wird.

Da wir indes auch bei Ja'qūbī augenscheinliche Hindeutungen auf Sätze dieses Traktates finden, diese Sätze aber bei ihm unter den Grundgedanken der aristotelischen γνσικὴ ἀκρόασις angeführt werden, [1] so haben wahrscheinlich die Iḫwan al-ṣafā

---

[1] „Seine (des Aristoteles) physikalischen Schriften. Die Vorlesung über die Natur, d. h. die physikalische Abhandlung. Darin behandelt er die fünf physischen Dinge, die alle Naturwesen umfassen, und ohne welche keinem Naturwesen Existenz zukommt, nämlich Stoff, Form, Ort, Bewegung und

nicht direkt das vorliegende Werk al-Kindī's benutzt, sondern
es gehen al-Kindī und die Iḫwan al-ṣafā auf eine gemeinsame
Quelle zurück. Vielleicht läßt sich auch näher bestimmen, welcher Art diese gemeinsame Quelle war. Wenn nämlich auch
die nicht-aristotelischen Gedanken, welche in „de quinque essentiis“ sich finden, derselben Quelle entstammen, so dürften
wir dieselbe in einem Auszuge aus der aristotelischen Physik
zu suchen haben, der von einem späteren Kommentator verfaßt
wurde, und zur Zeit al-Kindī's als Verbindungsglied zwischen
Logik und den speciellen physischen Werken die noch nicht
vollständig gekannten acht Bücher der φυσικὴ ἀκρόασις ersetzte.
Durch diese Annahme dürfte meines Erachtens das oben behan-
delte Verhältnis sowohl in dem Aristoteles-Kanon des Jaʿqūbī, [1]
als in den Katalogen der Werke al-Kindī's und in der Reihe der
Abhandlungen der Iḫwān al-ṣafā seine einfachste Erklärung finden.
Unser „de quinque essentiis“ steht übrigens mit ähnlich betitelten
Werken, z. B. mit der von ibn-Palqera in dem Prologe
לקוטים מן ספר מקור חיים des ibn-Gabirol, citirten [pseudo-]
empedokleischen Schrift περὶ τῆς πέμπτης οὐσίας [2] und mit
den fünf Stoffen (Materien), welche al-Fārābī erklärte [3]), durchaus nicht im Zusammenhang. [4])

Zeit .... Von diesen fünf sind zwei Substanzen, nämlich Stoff und Form,
und drei sind substantielle Accidentien.“ M. Klamroth, *Über die Auszüge aus griechischen Schriftstellern bei al-Jaʿqūbī*, ZDMG. Bd. 41 (1887)
S. 428.

[1]) Klamroth a. a. O. und S. 432.

[2]) Munk, *Mélanges*, S. א, Z. 4–5. Vgl. Steinschneider, *Die hebräischen Übersetzungen des Mittelalters*, S. 380 (§ 219).

[3]) Vgl. Uṣaibiʿa, Bd. II, S. 34 und ibn-Ḥallikān, Bd. II S.
112—113.

[4]) Über die fünf ـﻟـمـخـستـ siehe S. VIII, Note 2. — Wie es sich
mit diesen verschiedenen „fünf Dingen“ (quinque res, essentiae, substantiae,
corpora u. dgl.) verhält, werde ich in einer Mittheilung in den Rendiconti der
R. Accademia scientifica letteraria di Napoli darzuthun versuchen.

VI.

Der „*liber introductorius in artem logicae demonstrationis*"
zerfällt in folgende Abteilungen:

I. S. 41—46. Eine Einleitung, in welcher der Verfasser,
nach einem kurzen Prolog (S. 41 Z. 5—12) über Zweck und
Veranlassung seiner Schrift, die vier „species" der dialektischen
Methode, d. h. die „diuisio et resolutio, definitio et demonstratio" nach der porphyrianischen Schule [1]) definiert und erörtert.
Er geht dann zu einer näheren Besprechung der „demonstratio"
über und betrachtet:

II. S. 46—S. 49 die vom Subjekte herrührenden Fehl-
schlüsse. Er führt dieselben — in der durch Beispiele erläuterten
Entwickelungsgeschichte der menschlichen Seele von der Kind-
heit ab, lediglich auf unerlaubte Analogien und unvollständige
Induktionen zurück, die teilweise in vorgeschrittenem Alter durch
das Nachdenken revidiert und nötigenfalls korrigiert werden.

III. S. 50—S. 59. Um vor den falschen Folgerungen „ex
parte argumentationis" zu bewahren, zählt er die Bedingungen
des richtigen Schließens auf. Auch hier finden sich, außer aristotelischen Regeln, Anklänge an galenische und neuplatoni-
sche Lehren. Die λογικαί ἀρχαί (prima intelligibilia) z. B.,
ebenso der Satz: die Logik müsse nach Art der mathematischen
Lehrsätze demonstriert werden, d. h. es sei das synthetische
Verfahren, wie es z. B. in den Euklidischen Elementen erscheint,
einzuhalten. sind seit Galen geläufig. [2]) Geradeso wie bei den
Kommentatoren (schon seit Alexander) [3]), wird das principium
contradictionis hervorgehoben und auf die Bedeutung der Mathematik hingewiesen.

Die Notwendigkeit der Mathematik als propädeutischer
Disciplin (S. 58 Z. 11—13: „ille autem qui uult scire demonstrationes logicas oportet ut sit demoratus in exercitationibus

---

[1]) David *Prolegg. ad Porphyr.* (bei Brandis *Scholien* p. 18 a. 34—35:
εἰσί δὲ τέσσαρες αἱ διαλεκτικαὶ μέθοδοι· ἔστι γὰρ διαιρετικὴ ὁριστικὴ ἀπο-
δεικτικὴ καὶ ἀναλυτικὴ.

[2]) Prantl, a. a. O. Bd. 1 S. 562.

[3]) A. a. O. S. 622.

geometricis el ut iam acceperit ex eis regulas"), wird ausdrücklich schon in dem Werke al-Kindī's [1]:

كتاب رسائنته فى اقـٰدلاٰتنـٰال الفلسفة الا بعلم اٌـريـٰاضـٰانت

*„Abhandlung darüber, daß die Philosophie nur vermittelst der ma-
thematischen Wissenschaften erworben werden kann"*, betont.
IV. S. 59—S. 61. Hier werden als Übungsbeispiele einige
damals beliebte Kontroversen behandelt: daß in der Welt kein
Leeres sei; daß es außer der Welt weder Leeres noch Volles
gebe; über die Meinung der Weisen von der Entstehung oder
der Ewigkeit der Welt; u. s. w. — Alles das ist als ein Ex-
kurs oder als nebensächliche Anhängsel zu betrachten.
Die V. und letzte Abteilung, S. 61—S. 64, enthält eine
kurze Wiederholung des schon Gesagten und eine mystische
Schlußrede, in welcher der letzte Zweck der Logik mit dem der
Ethik identisch gefaßt wird. Alles das stimmt auch mit den
Grundgedanken al-Fārābī's, welcher „der Logik eine Beziehung
zur Ethik giebt, indem die menschliche Vernunft, mag sie entweder bloß innerlich in der Seele haften, oder auch äußerlich
im Wortausdrucke zu Tage treten, jedenfalls ihre höhere und
umfassende Funktion in der Unterscheidung des Guten und Bö-
sen habe, und hiermit die Wahrheit, welche entweder in letzten
unbeweisbaren Grundsätzen vorliegt, oder durch logische Erfor-
schung erreicht wird, diesem Ziele dienstbar sei." [2] Jedoch
sind seine übrigen Werke über Logik im Einzelnen weniger
neuplatonisch und mehr aristotelisch gefärbt und weisen einige
Züge auf, welche die spätere Lehre al-Fārābī's kennzeichnen und
in dieser Schrift durchaus fehlen. Doch erinnere man sich, daß
das vorliegende Werk nur eine Jugendarbeit, eine „collectio"
al-Kindī'scher Gedanken, und nicht ein selbständiges, reiferes Er-
zeugnis des al-Fārābī sein dürfte.
Es ist auf eine Menge „Sendschreiben", d. h. Traktate
(*epistolae* = رسٰاٌل) aufmerksam zu machen, welche hier

---

[1] *Sulle opere* u. s. w. S. 8 n⁰ 3 (*Fihrist* n⁰ 3, Qifṭī n⁰ 2, Uṣaibi'a
n⁰ 3, Flügel n⁰ 3 und 133, Hammer n⁰ 3 und 125). Vgl. n⁰ 16.
[2] Prantl, *a. a. O.* Bd. II S. 309. Daß dies neuplatonisch ist, erhellt
aus der citierten Anmerkung 121 im Bd. I S. 644.

citiert werden und sich meist auf Bearbeitungen aristotelischer Werke beziehen: „*epistola de sensu et sensato*“ (S. 41, 15. 48, 18. 50, 24. 53, 19) ¹), „*categorici*“ (S. 42, 3. 17), „*libri logicae*“ (S. 50, 4. 52, 2. 62, 22), „*et topicae*“ (S. 52, 2. 62, 22) und dann „*epistola de intellectu*“ (S. 41 Z. 16), „*epistola de generibus scientiarum*“ (S. 41 Z. 17). „*epistolae diuinae*“ (S. 42 sicherlich die pseudo-aristotelische Θεολογία), „*epistola de causa et causatis*“, „*epistola isagogarum*“, „*epistola de hyle et forma*“ u. s. w.

Das Latein ist freier und glatter, als in den Abhandlungen „*de somno et uisione*“, „*de quinque essentiis*“ und „*de ratione*“. Der Übersetzer — wie schon gesagt, vielleicht Johannes Hispalensis — ist wahrscheinlich derselbe, welcher auch al-Kindī's und al-Fārābī's „*de intellectu*“ bearbeitet hat. Dazu ist zu bemerken, daß der Traktat, auch der Stelle nach, in den Handschriften unmittelbar vor al-Fārābī's „*de intellectu*“ niedergeschrieben ist.

VII.

Nach den Angaben der mir bekannten Handschriftenverzeichnisse sind die philosophischen Traktate Al-Kindī's in folgenden Bibliotheken aufbewahrt:

I. De intellectu.

1. Cesena. Plut. XXII, Cod. 3 (Titel: „*epistola Arerrois*“. Muccioli, 1 S. 78).

2. Erfurt. Cod. Ampl. 29 fol. (Schum S. 24).

3. Cod. Ampl. 40 fol. (Steinschneider, *Alfarabi* S. 188).

4. Oxford. Cod. Bodl. 1818¹⁰ (Mss. Angliae, I, S. 87; Digby S. 217. Dreimal in demselben Codex nach Macray S. 230—231).

5. Cod. Morton Coll. 228 (Coxe S. 110).

6. Paris. Cod. Nat. 6443¹⁶ („*de ratione*“. Cat. Bibl. Regiae P. III T. IV S. 244).

7. Cod. Nat. 6443²¹ („*de intellectu*“).

---

¹) Dieses Citat dürfte nach Steinschneider (*Die parra naturalia des Aristoteles* ZDMG. Bd. 37 S. 490) manche Schwierigkeiten bieten, da nach ihm der betreffende Traktat zur Zeit al-Fārābī's noch nicht ins Arabische übersetzt war. Siehe jedoch Bd. 45 S. 447.

8. Cod. Nat. 16613⁸ (= Sorbonne 1786. Hauréau, *Notices*, V, S. 195).

9. Rom. Cod. Angel. 242⁴ („*de ratione*". Narducci, I, S. 138 col. 2).

10. Cod. Angel. 242⁵ („*de intellectu*". *Ibid.* S. 139 col. 1).

11. Cod. Vat. 2186¹².

12. Cod. Vat. 4426³.

13. Venedig. Cod. Marc. 39¹ (Valentinelli. II, S. 27).

II. De somno et uisione.

1. Brüssel. Cod. 21856³ (vgl. Bülow, in: Beiträge z. Gesch. d. Phil. d. M.-A., II, 3, S. 72—73).

2. Oxford. Cod. Coll. Oriel, 7¹⁹ (dem *Ishaq Israeli* beigelegt. Coxe, I, S. 2—3).

3. Cod. Coll. M. Magdal. 175⁴ (dem *Ishaq Israeli* beigelegt. Coxe, II, S. 8).

4. Paris. Cod. nat. 6443²⁴.

5. Cod. nat. 16613³.

6. Venedig. Cod. Marc. 171⁶ (Titel: *Themistii de somno et uigilia*. Valentinelli, IV, S. 117).

III. De quinque essentiis.

1. Erfurt. Cod. Ampl. 286⁷ fol. (Schum S. 193).

2. Oxford. Cod. Bodl. 1818³.

3. Paris. Cod. Nat. 9335.

4. Cod. Nat. 14700.

5. Rom. Cod. Angel. 242⁵.

6. Cod. Vat. 210 (als „*logicae fragmentum*").

7. Cod. Vat. 2186.

8. Cod. Vat. Ottob. 1870.

IV. Liber introductorius in artem logicae demonstrationis.

1. Paris. Cod. Nat. 6443.

2. Rom. Cod. Vat. 2186.

Die von mir benutzten Handschriften sind: für „*de intellectu*":

$$\left.\begin{array}{c}6.\\7.\end{array}\right\} = N$$

$$8. \quad = S$$

$$\left.\begin{array}{c}9.\\10.\end{array}\right\} = A$$

$$11. \quad = V^1$$
$$12. \quad = V^2$$
$$13. \quad = M^1.$$

Eine Beschreibung der Codices findet sich in den in Klammern angegebenen Werken und Katalogen. Die vatikanischen Handschriften (V^1 = cod. 2186, $0.22^m \times 0.14^m$. Ende des XIII. Jahrh. foll. II + 119 + I und V^2 = cod. 4426, $0.245^m \times 0.18^m$. Anfang des XIV. Jahrh. foll. 140) werde ich in einer in kurzem erscheinenden Mitteilung an die „R. Accademia dei Lincei" näher besprechen. Die Filiation dürfte folgende sein:

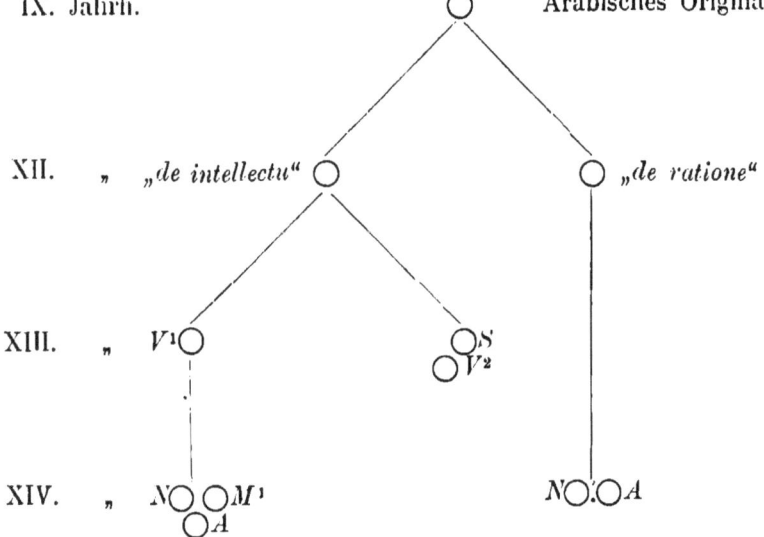

IX. Jahrh.   Arabisches Original

XII.   „   „de intellectu"   „de ratione"

XIII.   „ V^1 S / V^2

XIV.   „ N M^1 / A N A

Für „de somno et uisione" benutzte ich die drei Handschriften:

$$4 = N$$
$$5 = S$$
$$6 = M^2.$$

Während S wegen der außerordentlich häufigen Verderbnisse und N wegen des unklaren und lückenhaften Charakters minderwertige Handschriften sind, hat M^2 gute Dienste geleistet. Jedoch bietet die Ausgabe auch so noch manche Dunkelheiten, deren Klarlegung und Verbesserung möglicher Weise durch den Vergleich mit den mir nicht zugänglichen Oxforder Codices gewonnen werden könnte.

Für den Traktat „de quinque essentiis" waren mir folgende Codices zu Verfügung:

$$5 = A$$
$$6 = V^3$$
$$7 = V^1$$
$$8 = O.$$

Von größerer Wichtigkeit sind A und V^1; V^3 (= Cod. 210, 0.32m $\times$ 0.23m, XVI Jahrh., foll. IV -- 70) und O (= Cod. Ottob. 1870, 0.28m $\times$ 0.20m, XV. Jahrh., foll. I -- 175) sind spätere Abschriften, die einer der Handschrift A gemeinsamen Familie angehören, welche hier und da doppelte Übersetzungen eines arabischen Ausdrucks und Interpolationen enthalten, während V^1 solche nicht darbietet. Auch von derselben wird in der S. XXXII citierten Mitteilung die Rede sein.

IX. Jahrh. ○ . . Arabisches Original

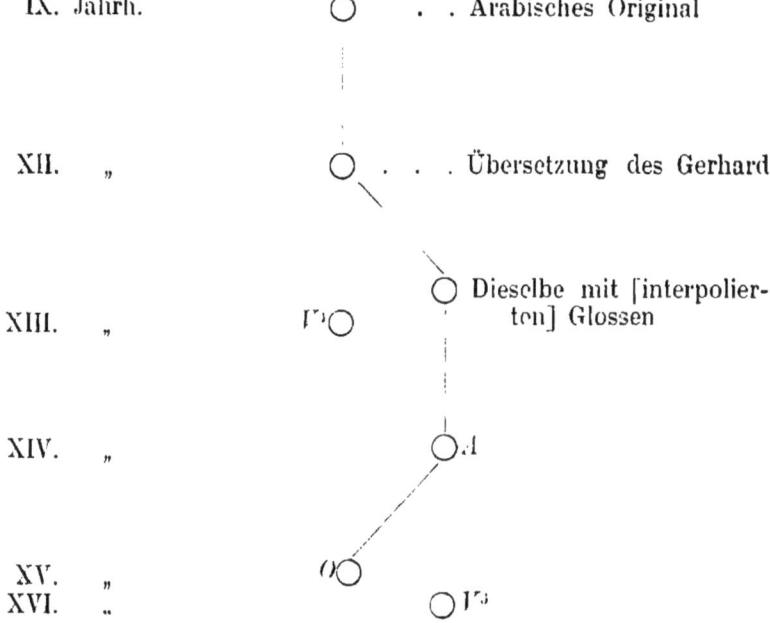

XII. „ ○ . . . Übersetzung des Gerhard

XIII. „ V^1○ ○ Dieselbe mit [interpolierten] Glossen

XIV. „ ○A

XV. „ O○
XVI. „ ○V^3

Von den beiden Handschriften 1 = N und 2 = V^1 oder auch einfach V, welche der Ausgabe des „liber introductorius in artem logicae demonstrationis" zu grunde liegen, ist jedenfalls V die beste.

Es sei nun hier mir gestattet, den Herrn Leopold Delisle, Präfekt der Pariser National-Bibliothek, Domenico Gnoli, Präfekt der „Biblioteca Nazionale Vittorio Emanuele II" in Rom,

und P. Franz Ehrle, Präfekt der Vatikanischen Bibliothek,
deren Höflichkeit ich die Ausnutzung der Pariser und Vatikanischen Handschriften verdanke; den Herrn Professoren Ignazio
Guidi und Celestino Schiaparelli der hiesigen K. Universität,
die mir mehrere schwer zu findende arabische Werke gütigst
zur Verfügung gestellt haben; und dann meinem theuersten
Freund Dr. Joachim Frateili, Lehrer am K. Umbertinischen
Ober-Gymnasium, welcher mir bei der mühsamen Arbeit der
Kritik und Correktur der lateinischen Texte beigestanden hat —
meinen herzlichsten und aufrichtigsten Dank auszusprechen.

Rom, den 25. Juni 1896.

A. Nagy.

Während des Druckes wurde ich durch Herrn Professor
Clemens Baeumker — welcher die Gefälligkeit hatte, alle
Bogen nochmals sorgfältig durchzusehen, und welcher mit seinem
bewährten Rate manche zweifelhafte Stellen verbessert hat — auf
eine bis jetzt unbekannte Handschrift des Traktates „de intellectu"
aufmerksam gemacht, von welcher mir derselbe eine Abschrift
sendete. Es ist:

14. Lilienfeld (Niederösterreich) Cod. 144 Monast. Ci-
sterc. fol. 102r   102v, ohne Titel und als Prolog zu den *Pa-
radoxe Alani de maximis generalibus* (d. h. Regulae theologicae).
Die betreffenden Varianten werden in den Anmerkungen angeführt. Aus denselben erhellt, daß der Codex einer mit *SV*[2]
gemeinsamen Familie angehört.

Verbum Jacob Alkindi de intentione antiquorum in ratione,

translatum a magistro Gerardo Cremonensi.

Intellexi quod quaesiuisti de scribendo sermonem in ratione abbreuiatum, enuntiantem sententiam Aristotelis et Platonis. comprehensio quidem sermonis Platonis et sermonis discipuli eius Aristotelis est, quod ratio est secundum quatuor species. prima quarum est instrumentum omnium rationatorum et rationatum. secunda est ratio quae potentia est in anima. tertia est ratio cum exit in anima de potentia ad effectum.

Liber Alkindi de intellectu [et intellecto].

Intellexi quod quaeris [scilicet] scribi tibi sermonem breuem de intellectu [et intellecto], secundum sententiam Platonis et Aristotelis. sed sententia eorum est, quod intellectus est secundum quatuor species. prima est intellectus qui semper est in actu. secunda est intellectus qui in potentia est in anima. tertia est intellectus cum exit in anima de potentia ad effectum. quarta est intellectus, quem uocamus demonstrat*ivum*.

1–5 Incipit uerbum Jacob alchindi de ratione *A. Rot und am Rande:* Nota uerbum Jacob alkin. *N* 1 alkindi | alkin *N* 8 abbreuiatum, abreviatum *AN* 8—9 enuntiantem sententiam ; enunciatione sicut *A* 9- 10 Aristotelis et Platonis | Aristotilis et Platonis *rot N* 11 sermonis ; *fehlt N* 12 Aristotelis | *Lücke N* 16 secunda | bis *N (rot und schwarz)* 17 in | *fehlt A* 18 tertia | et tertia *A bis N (rot und schwarz).*

1—2 De intellectu secundum Aristotelem et Platonem *S* Incipit liber alkindi de intellectu *V²* Liber alquindi philosophi de intellectu et intellecto *rot N* Incipit libellus alchindi de intellectu et intelligentia *am Rande M¹* Incipit alchindus de intellectu et intellecto *A* Liber aliquindi philosophi de intellectu et intellecto *V¹* 6 Intellexi | intellexisti *SV²* 6—7 [scilicet] | *fehlt SV²NA* 7 scribi tibi | tibi scripsi *V²* scribitur *N fehlt S* 8 [et intellecto] | *fehlt SV¹V²NM¹* 9 sententiam | scientiam *SA* 9—10 Platonis et Aristotelis | Aristotelis et Platonis *AM¹* 9—13 Platonis . . . prima est | *fehlt N Zu* 10—19 *Randglosse:* Intellectus alius in actu semper, alius in potentia, alius in effectu, alius demonstratiuus *V¹* intellectus alius in actu semper, cum in potentia, in effectu, demonstrat' *N* 10—11 sententia eorum est | scientia est eorum *S* eorum sententia est *V²* sententia est eorum *A* 11 est | *fehlt S* 13 semper est | est semper *S* 15 qui in potentia est | quo est in potentia *SV²* 16 intellectus | in anima *M¹* 17—18 ad effectum | de effectu *S* ad actum *A* 19 quem | *fehlt N* demonstratiuum | demonstrantem *SV¹M¹* demonstratiue *N* demonstrationem *A unklar V².*

quarta ratio est illa, quam denominamus demonstratiuam. et est assimilatio rationis cum sensu, propter propinquitatem sensus ad ueritatem et communitatem ad eam.

Dixit enim quod forma est duae formae. quarum una est
5 habens materiam et est illa quae cadit sub sensu; sed altera est illa quae non habet materiam et est illa quae cadit sub ratione. et est specialitas rerum et quod est supra eam.

Et forma quidem, quae est in materia, est actu sensata;
10 quoniam si non esset actu sensata, non caderet sub sensu. cumque adquirit eam anima, tunc ipsa est in anima. et non adquirit eam nisi quoniam est ipsa in ea in potentia. cum ergo adquirit eam anima, fit in anima actu. et non est in anima sicut res in uase, neque sicut similitudo in corpore, quoniam anima
15 non est corpus. est igitur in anima, et anima est res una, non aliud.

et similiter iterum uirtus sentiens non est nisi animae; et non est in anima sicut membrum in corpore, immo est in anima
20 et est sentiens. et similiter iterum uirtus forma sensati non est

---

1 quarta | *bis* N *(rot und schwarz)*   illa | *fehlt* N   denominamus !
nominauimus N   demonstratiuam | demonstrationem N   4 enim | *fehlt* N
5 illa | *fehlt* N   6 et est illa | *fehlt im Text und am Rande:* et illa est N
7 specialitas | spālitas N   12 quoniam | quandoque N   ipsa | *fehlt* N
13 anima, | au *(unklar)* A   14 neque | et neque A   sicut | *fehlt* N   15 est
etiam A   18 iterum ! ī trä (in terra?) A   sentiens | sentenciis N   animae | anima A   20 non | is A.

et hunc intellectum assimilauit Aristoteles sensui, propter propinquitatem sensus ad ueritatem et quia communicat cum ea
omnino.

Dixit enim Aristoteles quod forma est duae formae. quarum una est habens materiam et illa est quae subiacet sensui; 5
et altera est illa quae non habet materiam et illa est quae subiacet intellectui. et illa est specialitas rerum et id quod est
supra eam [scilicet generalitas rerum].

Et forma quidem, quae est in materia, actu est sensata;
quoniam si non esset actu sensata, non caderet sub sensu. cum- 10
que apprehendit eam anima, tunc ipsa est in anima. sed non
apprehendit eam nisi quia ipsa prius erat in anima in potentia.
cum igitur apprehendit eam anima, fit in anima in effectu. non
est autem in anima sicut aliquid in uase, nec sicut caelatura in
corpore; quoniam anima non est corpus nec circumscripta. est 15
igitur in anima, et anima est res una, quae est ipsa, non aliud
ab ipsa; nec etiam alia alietate praedicamentorum.

similiter etiam uirtus sentiens non est nisi in anima; sed
non est in anima ut membrum in corpore, sed est ipsa anima,
et ipsa est sentiens. similiter forma sensati non est in anima 20

Zu 1 *Randglosse*: nota intellectum assimilatum sensui N assimila-
uit | assimilat V^1NAM^1 assimulauit S 2 et | *fehlt A* communicat | con-
iunctalis (!) S cum ea | cum eo SV^2 in ea V^1AM^1 in eo N 5--7 sen-
sui . . . intellectui | *fehlt im Texte und ist am Fuße der Seite nachgetragen* V^2
6 est illa | est ASV^2 illa est | est illa S est alia V^2 7 specialitas |
spcitas V^2 spualitas S spälitas NA spëalitas M^1 id *fehlt A* 8 scilicet ge-
neralitas | generalitas (grauitas V^2) scilicet SV^2 9 forma | forme S qui-
dem | quod V^2 *fehlt S* materia | natura M^1 sensata | sensuata S
10 sensu | actu sensu N 10—11 cumque | cum A 11 tunc . . . anima
fehlt A sed | *fehlt A* 12 nisi . . . erat | *fehlt A* prius erat | prius V^2
erat prius SM^1 in anima | inanimata in A 12--13 in potentia . . eam
anima | *fehlt A* 13 fit | sit S in anima | anima V^2 14 in anima | ani-
ma N *fehlt A* nec. et S sicut | non sic N caelatura | colatura S
15 nec | *unklar ob* n̈ *oder* ü S circumscripta | circumscripta est A
circonscripta N^1 15--16 est igitur | igitur id quod est A 16 est res una |
res una est S rest una M^1 quae | et quae S nec | neque M^1 17 etiam |
est V^2A alia | in alia N alietate | alicet (!) S praedicamentorum | pre-
ceptorum S predicatorum M^1 *zweifelhaft* NV^2 18 etiam | autem et S au-
tem etiam A et V^1 non | *fehlt A* nisi | *fehlt A* in | *fehlt M^1* 18--19 sed
. . . anima | *fehlt* V^2S 19 membrum | membro N ipsa anima | in ipsa
anima A 20 et ipsa. et ipsa anima A *nach* ,sentiens' | similiter autem
forma non est in anima ut membrum est in corpore, sed est in ipsa anima
et ipsa anima est sentiens A *(Dittographie)* similiter | similiter autem A
sensati | sensata S *fehlt A*

in anima cum alio. aliud alteritate. sensatum igitur in anima
est sentiens. at uero sensatum materiei est praeter animam
sentientem. ex parte ergo materiei sensatum non est sentiens.

5   et similiter exemplum rationis in anima, quando apparet
ratio siue forma, cui non est materia et unitur cum anima,
scilicet fit innenta in anima actu, cum iam fuerit in anima non
inuenta actu, immo potentia. haec igitur forma, quae materiam
non habet neque phantasiam, est ratio adquisita animae ex
10 ratione prima, quae est specialitas rerum, quae est actu semper.
et ipsa quidem non fit adquisita et anima adquirens nisi quoniam anima potentia est rationalis, et ratio prima actu est.
omnis res adquirens rei essentiam suam, adquirenti ei est res
illa potentia et non est ei actu. et omne quod est rei potentia
15 non egreditur ad actum per essentiam eius; quoniam si esset
per essentiam eius esset actu semper. quoniam essentia est ei
semper et est inuenta. ergo omne quod est potentia non exit

1—2 in anima est sentiens ; est in anima sentiens N   2 uero ; un-
klar N   est | et N   3 materiei ; mi A quatuor N welcher IIII las   5 quan-
do | qn N qr A   7 anima | animali A   8 immo | fehlt im Text, aber am
Rande nachgetragen A   9 ex | et ex A   10 quae | quarum A   specialitas
spalitas AN   semper | fehlt N   11 adquirens | aquirens N   12 anima |
animal N   rationalis | rationabilis A   est | fehlt N   13 omnis ı cum
omnis N   ei ı enim N   14 omne | esse (eē für oē) N   15 quoniam ı
quod A   16 ei | et A

ut aliud uel alterum. sensatum igitur in anima est sentiens
secundum quod est in anima, sicut dixit Aristoteles. sed sensatum uirtutis materialis est praeter animam sentientem. secundum igitur quod est in materia, sensatum non est sentiens.
et similiter exemplificau*it* Aristoteles intellectum, scilicet 5
quod anima cum apprehendit intellectum, scilicet formam quae
non habet materiam nec phantasiam, et unitur cum anima, tunc
est in anima in effectu quae non erat antea in anima in effectu
sed in potentia. haec igitur forma, quae iam materiam non
habet nec phantasiam, est intellectus adeptus animae ab intel- 10
ligentia prima, quae est specialitas rerum, quae est in actu
semper. haec autem non fit attribuens nisi animae adeptae ad
recipiendum, quoniam anima in potentia est intelligens, sed
intelligentia prima est semper in actu. nulla enim res attribuit
aliquid suis receptibilibus, nisi quod erat eis in potentia et non 15
in effectu. nihil autem quod est rei in potentia exit ad effectum
per se ipsum; quoniam si esset per se ipsum, exiret semper in

1 uel | *fehlt* SA   2 secundum | eo V^2 est in | *fehlt* A est M^1 anima |
aïa
anime A eo V^2 sicut | ut A   dixit | d^t M^1N dicit S   sed | *fehlt* S   3 uir-
tutis materialis | uirtutis rationalis A materiale S materialis V^2 est | *fehlt* S
                                                                              a
4 igitur | *fehlt* A   materia | aïa m V^2 non est | *fehlt* A   5 exemplificauit |
exemplificat $SNV^1V^2AM^1$ intellectum | in intellectu A   5—6 scilicet . . .
intellectum | *fehlt* NV^2(*Homoioteleuton*)   6 cum apprehendit | comprehendit S
7 nec | et N   phantasiam | fantasiam $SNV^1V^2AM^1$ *und so immer*   cum ani-
ma | in fantasia illa S cum ea M^1 8 in effectu | affecta A   quae . . .
effectu | *fehlt* NV^1M^1 *(Homoioteleuton), in* V^1 *jedoch am Rande nachgetragen*
antea | *fehlt* SV^2 9 sed in potentia | *fehlt* A   iam | a iam S   10 nec |
neque NA uel S   adeptus | aptus A   10—11 intelligentia prima | intel-
                                         a
lectiua potentia V^2 11 est | *fehlt* A   specialitas | splitas V^2 spälitas ANM^1
spūlitas S   rerum | non (nō *für* rr) S   est in actus S in actu est AN
12 haec | hic S   non fit | si fit N ïitïa (intelligentia?) V^2 attribuens |
                                                                           m
tribuens V^2 antibuens (!) N   adeptae | apte V^2 13 quoniam | q A
intelligens | intellectus S   sed | et A   13—15 sed . . . potentia | *fehlt*
SV^2 14 est semper in actu | semper est in actu NM^1 semper in actu est
A   res | *fehlt* M^1 14—15 attribuit . . . receptibilibus | aliquid suis re-
ceptibilibus attribuit A   suis | ir N   eis | *fehlt* M^1 15 et non | sed V^2 sed
non S   16 nihil | nichil V^1SNM^1 *und so immer (auch* V^2A)   est rei |
erat A   exit | erit S   effectum | actum *und am Rande:* effectum A
17 quoniam . . . ipsum | *fehlt* N *(Homoioteleuton)*   exiret | esset ANV^1V^2

ad actum *nisi* per id quod est illa res actu. anima igitur est rationalis potentiã. et est exiens ad actum per actum primum.

5 et cum unitur forma rationalis ei, non est ipsa per formam rationalem alterata, quoniam non est diuisa quare alteretur. et cum unitur cum ea forma rationalis, tunc ipsa et ratio sunt res una, rationalis et rationata. ratio igitur et rationatum sunt res una ex parte animae. ratio uero quae est actu semper 10 faciens extrahere animam ad hoc ut fiat rationalis actu, postquam fuerat rationalis potentiã, non est ipsa et rationatum res una.

rationatum igitur in anima et ratio prima, ex parte rationis primae, non est res una; ex parte uero animae ratio et rationatum 15 est res una.

ratio igitur, quae simplex est, est magis similis animae et fortior ea in sensato plurimum.

ratio igitur prima est instrumentum omnium rationatorum 20 et rationatum. ratio uero secunda est animae potentiã.

---

1 nisi | neque *AN*   2 ad | per *N*   per | ad *N*   6 rationalem | in omne *A*   quare | quia *N*   8 una | et materia *N*   9 ratio | rãtio *N* uero quae est actu | intentio non est que „actu" est *N*   10 extrahere | extrahens *AN*   animam | anima *N*   11—15 ex parte . . . una | *bis N*   15 est | et *N*   17 est est | est *(Haplographie) N*   19 igitur prima | prima igitur 20 ratio uero secunda | secunda ratio uero secunda *NA*

actu, quoniam essentia sua es[se]t sibi semper et es[se]t
inuenta. nihil igitur quod est in potentia exit ad effectum,
nisi per aliud quod est in effectu. anima igitur est intelligens
in potentia, sed exit ad effectum per intelligentiam primam, ad
quam cum ipsa respexit, fit intelligens in effectu. et cum uni- 5
tur ei forma intelligibilis, non est ipsa et forma intelligibilis alia
et alia, quoniam non est diuisibilis ut alteretur. sed cum unitur
cum ea forma intelligibilis, tunc ipsa et intellectus sunt res una,
scilicet intelligens et intellecta. igitur intellectus et intellectum
sunt unum secundum quod sunt in anima. intellectus uero qui 10
est in actu semper et qui extrahit animam ad hoc ut fiat in
effectu intelligens, postquam fuerat intelligens in potentia, ipse
et intellectum ipsum non sunt res uua. intellectum igitur in
anima et intellectus primus ex parte intelligentiae primae non
sunt res una; ex parte uero animae intellectus et intellectum 15
sunt res una.

intellectus autem, qui in simplicitate est similior animae,
est multo fortior quantum ad intellectum, quam sensus ad sensatum. intellectus igitur primus causa est omnium intellectorum.
sed intellectus secundus est animae in potentia. 20

1 es[se]t (bis) | esset SN V¹ V²AM¹ sibi semper | semper sibi S 2 in-
uenta | intenta V² inuencta N igitur | ergo V² autem A potentia | actu
potencia S effectum | actum vel effectum M¹ 3 nisi | ut S aliud | ali-
quod S 3—5 anima . . . effectu [fehlt A (Homoioteleuton) 3—4 est
intelligens in potentia | intelligens in potentia est intelligens SV² 4 in-
telligentiam primam | intellectiuam potentiam V² 5 quam cum ipsa quam-
cumque N respexit | respicit V¹NM¹ intelligens | intellectus S 6 ei |
cum ea V¹ intelligibilis | intellectus M¹ 6—8 non est . . . intelligibilis |
fehlt S (Homoioteleuton) 8 tunc ipsa | fehlt V² 9 intelligens | intellectus
V²A intellecta | intelligentia S intellectus NA intellectum M¹ intel-
lectum | intellecta V² intellectus A 11 actu | anima S qui | quod N
extrahit | abstrahit M¹ animam | animam ad animam V² aiam S 12 in-
telligens (bis) | intellectus SV², M nur das erste fuerat | fuerit S ipse |
et ipsa V² ipsa SNV¹.¹M¹ 13 intellectum ipsum | suum intellectum V¹NAM¹
intellectum V² . intellectum | intellectus S 14 intellectus primus | intel_
lectiue p V² 15—16 ex parte . . . una | fehlt N (Homoioteleuton) 15 uero |
eius S 17 ror intellectus der Titel: simplex intellectus similior est anime
S, rot qui in simplicitate est | qui est in simplicitate S 18 multo | in-
tellecto (,intlo‘ für ,ml'to') S quantum | quam NV² quam | q N 19 causa
est | est causa S 20 sed . . . potentia | fehlt A animae | causa M¹

igitur ratio aut est prima et instrumentum omnium rationatorum, aut est secunda et est animae in potentia, dum non
fit anima rationalis actu.   et tertia quidem est illa quae actu est
animae, quam iam reposuit, quare sit ei inuenta cum uult uti
5 ipsa et facit eam apparere cum inuentione absque alio ab ea.
sicut scriptura a scriba; est enim ei propera possibilis, quoniam
iam recondidit et fixit in anima sua.   ipse ergo extrahit eam
quando uult.   quarta uero est ratio apparens ex anima, quae.
quando extrahit eam, est inuenta absque alio actu.

10   ratio igitur secunda est ex tertia et quarta, cum tertiam
reposuerit anima et fit ei ut extrahat eam quando uult.   et
quarta aut hora repositionis suae prima aut hora suae com-
positionis secunda.

15   igitur est tertia cuius repositio animae iam praecessit et
quando uult est inuenta in ea.

        quarta uero est apparens in anima, quae apparet actu.

        istae igitur sunt sententiae antiquorum de ratione.   et

---

1 igitur | ergo *N*   aut | aliud *A*   3 fit | sit *N*   et | se *(unklar) N*
actu est | est actu est *A*   6 a | ad   propera | pp *A* ppea *N*   7 ergo |
enim ergo *N*   8 quando | cum *N*   apparens | operans *A*   11 tertiam |
tertia *N*   12 fit | sit *N*   extrahat | trahat *A*   13 aut | autem *A* unklar *N*
15 praecessit | precellit *A*   17 uero est | uero *A*

intellectus igitur uel est primus omnibus intellectibus, uel
est secundus, et tunc animae est in potentia, interim dum anima
non est intelligens in effectu. et intellectus tertius quidem est
ille qui in effectu est animae, quem iam adquisiuit. et habetur
in ea ita ut, cum noluerit, exerceat eum et faciat eum esse in 5
alio a se. sicut scriptura in scriba est properata et facilis, quam
iam adeptus est. et est defixa in anima sua. ipse ergo pro-
palat et exercet eam, quando uult. quartus uero est intellectus
apparens ex anima, qui, cum propalaueris eum, erit in effectu
in alio a te.   10

intellectus igitur secundus est ex tertio et quarto, eo quod
tertius est adeptio animae et fit ei ut faciat eum apparere.
quando noluerit, vel prima hora suae adeptionis [in] nobis,
vel secunda hora suae apparitionis ex nobis. et tunc exercet
eum anima. ergo tertius est ille qui est animae adeptio quae 15
praecedit et cum uoluerit erit inuentus in ea. quartus uero est
qui est apparens ex anima in effectu.

hae igitur sunt partes in quas primi sapientes diuise-

1 igitur | ergo $1\cdot2$ uel est primus ; primus uel est A nihil est primus S
intellectibus, uel | *fehlt* $1\cdot2$ 2 est | et V^2 *fehlt* S et ' *fehlt* S tunc | $\overline{\text{in}}$
$V^1.1M^1$ cum N, *unklar* SV^2 animae est | est anime S interim | iterum S
item A dum | de $S1\cdot2$ 3 non | *fehlt* $S1\cdot2$ intelligens | intellectus $NS.1I^1$
3—4 quidem est ille qui | qui est ille qui A quid est ille S quod est ille N
$\overline{q}$ est ille qui $1\cdot2$ qad^m M^1 4 in effectu est   est in effectu M^1 quem
iam | quoniam S quem V^2 5 exerceat | exercet SN eum | eam A
6 a se | esse A est | et V^2 properata | preparata $SA1\cdot2$ p'pata N
$\overline{\text{pparata}}$ M^1 7 adeptus est | est adeptus S et est defixa | et cum defixa
est S non defixa V^2 ipse | ipsum $S1\cdot2$ ipsa A 7—8 propalat | aprobet
S 8 exercet | exerceat $1\cdot2A$ est intellectus | intellectus V^2M^1 intellectus
est N 9 apparens ex anima | anime aparens S ex anima apparens V^2
apparens ex alia A qui | quae A propalaueris | approbaueris S appel-
laueris N erit in effectu | exit in effectum A 10 alio | alia A a te |
aue (!) A 11 igitur | ergo V^2 est | *fehlt* M^1 eo | et SN 12 ter-
tius | suus *(unklar)* N adeptio | ad eptio S eum | *fehlt* SA 13 quan-
do | uel quando N suae adeptionis | adeptionis sue V^2 sue apparitionis S
[in] | *fehlt* V^1NAM^1 ex N 14 vel ... nobis | *fehlt* (*Homoioteleuton*) S,
bis *(Dittographie)* N secunda | illa M^1 ex | *fehlt (das erste Mal)* N
15 eum | illum V^1N ergo | igitur V^1NAM^1 tertius | interius (!) N for-
cius M^1 est | *fehlt* SV^2 animae adeptio | ad eptio anime SV^2 quae |
qui SV^2 16 uoluerit | uoluit S uoluerit et cum volui N uero est |
uero V^2A 17 ex | in SV^2 in | aut in S 18 hae | *fehlt* S.

quantitas huius sermonis, cum sit intentio nostra sermo enun-
ciatiuus, sufficiat.

Explicit uerbum Jacob Alkindi de intentione antiquorum
in ratione.

---

1 huius | huiusmodi *N*   3—4 Explicit . . . ratione | *fehlt N.*   Expli-
cit uerbum Jacob alkindi de intentione antiquorum *fügt A rot bei.*

runt intellectum. quantum uero ad intentionem tuam de hoc, tantum sermonis sufficiat.

Explicit liber Alkindi philosophi de intellectu [et intellecto].

---

1 quantum | quartum (!) S $\overset{\text{in}}{q}$ N de hoc | *fehlt* SV^2 2 sufficiat | suffic $\overset{)}{N}$ ad hoc sufficiat V^2 3 Alkindi philosophi | *fehlt* S alkindi V^2 alchyndi philosophi A [et intellecto] | et intellecto secundum Alpharabium S et intellecto A *fehlt* V^2 3 *fehlt* V^1N Explicit amen M^1.

Liber de somno et uisione

quem edidit Jacobus Alchindus, magister uero Gerardus Cremonensis transtulit ex arabico in latinum.

Tu, cui Deus occultorum ueritates patefaciat et quem in
5 domo uitae et in domo mortis beatificet, quaesiuisti ut descri-
bam tibi quid sit somnus et quid uisio.   hoc uero est de subtilibus scientiis naturalibus, et proprie in qua transgressio est
ad loquendum de uirtutibus animae.   et indiget speculator in
hac specie scientiae plenaria cognitione eius, quod narraui.
10 nam si abbreuiatur ab hoc, abbreuiatur ab intellectu eius.   et
demonstratio quidem eius, quod in eadem scripsi, est secundum
semitam demonstrationum naturalium.   et scripsi de hoc quidem
secundum quantitatem quam tibi similiter sufficere aestimaui.
adeo tamen prouenit directio.

15   [I]

Dico ergo quod cognitio eius, quod accidit rei, non est nisi
post comprehensionem scientiae quidditatis rei.   somnus uero

1 Inscipit liber de sompno et uisione (rot) S Incipit liber Alquindi
philosophi (rot).   Liber de sompno et uisione (oben).   Iste liber tractat de
sompno et uisione (am Rand) N   Themistius de sompno et vigilia (rot) M²
2 Alchindus | alchuinus S   2—3 rot S fehlt NM²   4 cui | qui S   oc-
cultorum | oculorum N occulorum S   ueritates | uarietates S   patefaciat |
patefac̄ N   5 et in | et N   beatificet | benefice N   quaesiuisti | quem
siuisti (!) uel rogasti M²   ut | fehlt S   6 somnus | sompnus NS und so
immer sonnus M² und so immer   7 est | est uel fit S fit NM²   8 loquen-
dum | loquendam N   et | qua N   speculator | quod speculator S   9 eius,
quod | eiusque N   narraui | naraui M² natura S narranti S   10 si | fehlt
M²   abbreuiatur | abreuiatur SN und so immer   ab hoc | fehlt S   et |
quia N   11 quidem | qᵃ N   quod | quam N fehlt M²   eadem scripsi | ea
descripsi SN   11—12 est secundum . . . scripsi | fehlt N   12 quidem |
quidam S   13 quam tibi | quantum N   similiter | fehlt N   aestimaui |
extimaui N estimaui S   14 directio | directus S direcc̄o (unklar) N   15 [I] |
fehlt SNM²   17 quidditatis | quiditatis SNM² und so immer   rei | eius N

et uisio sunt quae accidunt animae. quare oportet ut speculatio in hoc sit ei, qui bene disponit sermonem [scientiae] de substantia animae et intelligit dictiones eius et multitudinem conuersionis sermonis ipsius et quod sequitur in hoc de ambiguitate, et quod de uirtutibus animae sunt duae uirtutes 5 magnae, elongatae: sensibilis et rationalis, et quod uirtutes eius mediae inter sensum et rationem inuentae sunt omnes in homine, qui est corpus uiuum crescens.

Cum ergo fuerint istae significationes notae — et sunt actu — erit quidditas somni, notarum uirtutum scilicet a qui- 10 bus proueniat notum. et quidditas uisionis nota est sermone breui, pauco etiam numero. et hoc est quia nos dicimus dormientem illum qui [dormit et] licet sit uiuus actu, tamen non sentit aliquo quinque sensuum.

Somnus igitur est dimissio usus ab anima omnium sensuum. 15

Nos enim cum non uidemus neque audimus neque odoramus neque gustamus neque tangimus, absque aegritudine accidente, et sumus secundum naturas nostras, dormimus.

Somnus igitur cum integritate descriptionis est cum dimittit uiuus, fixus secundum naturas suas in sanitate, usum omnium 20 sensuum, per naturam.

Si ergo fuerit hoc, sicut dictum est, tunc iam apparet quid sit uisio, cum scitum est quae sunt uirtutes animae et quae de eis est uirtus, quae nominatur formatiua, scilicet uirtus

1 animae ex anima S anima M² 2 sermonem | sermo n e M² scientiae | fehlt SM² 3 intelligit | intelligat N 4 sermonis ipsius | eius N ipsius scilicet sermonis M² quod sequitur | fehlt S 6 elongatae | elegantiae N. Am Rande: Nota duas uirtutes animae magnae excellentiae. 7 sunt omnes | omnes S sunt comunes N 8 uiuum unum S 9 fuerint : sunt S sunt | fuerit N fuerint M² 10 actu | acta S actu uel opera M² 11 proueniat | proueniant N est cum S fehlt M² 12 etiam ; fehlt N in M² et | ex S quia N 12—13 dormientem | borregentem (!) S 13 et | quia N uiuus | unius S tamen non | non tamen N 14 quinque | I N zu 15 Diffinitio somni N Randglosse dimissio ; diuisio SN 16 ui demus | uideremus S audimus audiremus S 16—17 neque odoramus | fehlt S neque adoramus N 17 gustamus : gustaremus S neque tangimus ; fehlt S 17- 18 accidente | accidentem S 19 cum | est cum S descriptionis est | fehlt SN 19—20 cum dimittit . . . suas | fehlt N 20 in | de N usum | usus N zu 22—24 Randglosse: Nota fantasiae descriptionem cumque sit uis formatiua N 22 hoc, sicut | iam S 22—23 iam apparet quid ; apparet quod iam S 23 est | sit S sunt | sint M² 24 quae de | que ꝺ' de S quod de N est | fehlt M²

quae facit nos inuenire formas rerum indiuiduales sine materia,
scilicet cum absentia suorum subiectorum a sensibus nostris.
et est illa quam nominauerunt antiqui sapientum graecorum
phantasiam.

5   Differentia namque inter sensum et hanc uirtutem formati-
uam est, quod sensus facit nos inuenire formas suorum sensatorum delatas in materia sua, haec autem uirtus facit nos inuenire formas indiuiduales exspoliatas, sine subiectis cum linea-
tione sua et omnibus suis qualitatibus. et haec quidem uirtus
10 perficit suas operationes in dispositione somni et uigiliae. uerun-
tamen in somnis est magis apparentis operationis et formationis,
quam in uigilia.

Inuenimus enim quandoque uigilantem, cuius anima quibusdam suis utitur sensibus, imaginari formam rerum indiuidua-
15 lem, in qua cogitat. et secundum quantitatem profundationis
cogitationis in eo et dimissionis usus sensuum, est illa formatio
magis apparens ei, ita ut quasi testificetur eam suo sensu. et
illud est quoniam, quando aduenit ei occupatio in cogitatione
sua, qua uacet a sensibus, priuatur usu uisus et auditus. nos
20 enim multotiens inuenimus cogitantem interrogari et non respon-
det, et, re existente coram uisu ipsius, cum egreditur a cogitatione, si interrogatur an uiderit eam an non, enuntiat se non

---

2 sensibus nostris | nostris sensibus SM^2 3 quam | per quam N quem
N antiqui ¦ antiquis S sapientum | sapienter S sapientium N graeco-
rum | gramaticorum N 4 phantasiam | fantasiam M^2N frantasiam (!) S
5—6 sensum . . . formatiuam | hanc uirtutem formatiuam et sensum N
6 sensus | haec uirtus, scilicet sensus N zu 3—6 Randglosse: Nota differen-
tiam inter fantasiam et sensum. N 8 formas indiuiduales | formam indiui-
dualem M^2N exspoliatas | expoliatas S expoliatam M^2 exspositam N 8—9 linea-
tione | Lücke N 9 et haec quidem uirtus | et hoc quidem S quia haec q̇ uir-
tus N 10 perficit suas operationes | suas perficit operationes NM^2 10—11 ue-
rum tamen | uerumptamen N zu 10—14 Randglosse: Nota quod fantasia in
somnis est magis apparentis operationis N 11 somnis | sonno M^2 forma-
tionis | fortioris M^2 13 uigilantem | uigilanti NM^2 14 imaginari | ymagi-
nari NN und so immer ¦ maginari M^2 formam | formas S 14—15 indiui-
dualem | indiuiduales S 16 dimissionis | obmissionis N diuisionis S 16—17 est
illa formatio magis | illa formatio magis est S 17 quasi | .q̇. N ipse quasi M^2
18 illud est quoniam | fehlt N 19 sua | fehlt N uacet | iacet S uocatur
(für ,uacatur'?) N priuatur usu | priuatur usus N priuat eum usu S
priuat eum pasu (!) M^2 uisus | uisu M^2 20 multotiens inuenimus | uide-
mus multotiens SM^2 21 cum | non M^2 22 uiderit | uidant S enuntiat
se | enuntiasse S annuntiat se N

uidisse eam. et similiter accidit ei in reliquis sensibus, secundum modum eorum. et hoc quidem est in communitate hominum repertum priorum in excellentia, quae est in mente et ratione et uirtute discretionis, uirtus animarum excellens facit eos inuenire formas rerum denudatas, et non uacant a plurimo 5 sensu.

Cumque profundatur cogitatio adeo ut non utatur aliquo sensuum omnino, tunc peruenit ei cogitatio ad somnum, et fit uirtus ei formatiua fortior quam unquam sit, ad hoc ut faciat apparere operationes suas, cum non occupetur ad dandum animae 10 suae formam inuentionum cogitationum sensibilium. uidet autem eas cum sensu exspoliatas et non est differentia inter eas omnino. immo cum cogitatione sua, in omni in quo cogitat, apparet ei forma cogitationis denudata semper firmius et manifestius et melius quam sui sensati. quoniam sentiens recipit sensata sua 15 instrumento secundo, cui accidit fortitudo et debilitas extrinsecus et intrinsecus simul. haec autem uirtus formatiua recipit id, quod recipit, sine instrumento secundo, quare non accidit ei uirtus aut debilitas. immo non recipit ipsum nisi per animam exspoliatam. non ergo accidit in ea conturbatio neque corruptio, 20 quamuis sit in uiuo recepta cum instrumento primo, communi sensui et rationi, et sit haec uirtus formatiua et aliae de uirtu-

---

1 ei | *fehlt N* 2 modum | plurimum *NM²* *zu* 1–4 *Randglosse:* Nota quod per totam istam columpnam ostendit quod uirtus formatiua sit perfectior quam sensitiua et hoc multis rationibus et exemplis. *N* 2 quidem est | q *N* communitate | commutatione *S* 3 priorum | propriorum aut *SM²* excellentia | excellentiam *N* 4 uirtute | ueritate et uirtus | uniuscuiusque *S* (*wahrscheinlich* uni⁹ *statt* ut⁹) excellens | *fehlt N* 5 eos | enim *M²* inuenire | in mente *S* 6 sensu | sesus *S* sensus *M²* 7 cogitatio cognitio *M²* *und so immer, fehlt S* adeo . . . utatur | *fehlt S* 8 ei | cum eo *SM²* 9 uirtus | *fehlt N* intus *S* 10 apparere | aparere *M²* *und so immer* operationes | cogitationes *S* non | nunquam *N* 11 inuentionum | intentionum *SNM²* cogitationum | *fehlt N* autem | . a. *S* enim *NM²* 12 exspoliatas | expoliatas *NM²* *und so immer* 13 immo | imo *N fehlt S* 14—15 manifestius et melius | melius et manifestius *N* 15 sua | suo *M²* 16 instrumento secundo | in instrumento suo *N* accidit | accidunt *S* fortitudo et debilitas | debilitas et fortitudo *N* fortitudo debilitas *S* 17 id | illud *NM²* 18 quod recipit | *fehlt N* non | *fehlt S* 20 ergo | *fehlt N* neque | atque *N* corruptio | coruptio *M²* 21 uiuo | uno *N* recepta cum | receptato *S* communi | communis *M²* 22 sit | sic *N*

tibus animae scilicet in cerebro. hoc enim membrum positum
est omnibus istis uirtutibus naturalibus. sensui autem [similiter]
sunt posita instrumenta secunda, sicut oculi [et cerebrum] et
aures et carunculae narium et nasus et lingua et palatum et
5 uuulae et omnes nerui tactus. nam sicut cum cerebro superuenit
corruptio instrumento uirtutum animalium administratarum illi
membro a cerebro, similiter accidit id sensui. et, propter id
quod accidit ex istis instrumentis secundis in fortitudine et debilitate sua, est comprehensio eius debilior quam comprehensio
10 illius, cui non sunt instrumenta. accidentia enim accidunt ei ex
duabus partibus plurimum, scilicet instrumento primo et secundo.
et saluatur plurimum illius in primo, et accidunt ei accidentia
in secundo. uirtus enim formatiua saluatur multotiens in instrumento primo, sicut saluantur aliae et priuantur in secundo.
15 quare non accidit ei ex parte eius accidens. quare sunt operationes eius semper et ipsius inuentiones nudae et manifestae. sensui
uero in omnibus operationibus accidit diuersitas propter dispositionem diuersitatis horum instrumentorum secundorum, scilicet per-
mixtio, semper. quapropter fit quod uirtus formatiua inuenit sua
20 inuenta, quae inuenit sensus cum materia, firmius et manifestius.

   Et iterum forma, quae est in materia, sequitur materiam.
non enim omnis materia est susceptibilis omnis formae. nam
si sigillo uno sigillauerimus ceram et lutum clarum et lutum
turbidum et lutum gypseum. egredietur impressio in eis diuersa,
25 secundum quantitatem luti. quod de eo enim subtiliores habet

1 scilicet | sunt N in *fehlt* M^2 2 est | est in M^2 [similiter] |
fehlt NM^2 3 oculi ! occuli S oculus NM^2 [et cerebrum' | et cerebrum
SM^2 in cerebrum N 4 aures | auris M^2 carunculae | carnuclem (!) S
et lingua | et posita instrumenta S lingua M^2 palatum | palatus M^2
5 uuulae | uucellee S tactus ; tractus N 6 corruptio | *bis* M^2 instru-
mento | inuentio SM^2 administratarum | administrantium S illi ; ille N
7 id illud N et | quia N id | illud N 8 ex istis ex illis N istis S
9 comprehensio | comprehentõ S comprehensa N eius | cuius S 11 par-
tibus plurimum | plerumque S partibus plerumque M^2 instrumento | in
instrumento NM^2 12 et | quia N 13 enim ! autem NM^2 in ; *fehlt* S
14 priuantur | priuatur M^2 aliae | aliae res N in | *fehlt* S 15 sunt ; si-
cut   16 nudae et | unde NM^2 17 operationibus | dispositionibus SM^2
17 secundorum | *fehlt* M^2 19 inuenit ! minuit N 20 et manifestius | *fehlt*
S 21 Et | quia N materiam | in hoc N 22 est ; *fehlt* S omnis |
omnes S 24 lutum gypseum | gispum (!) S lutum gipseum N gipsum M^2
egredietur | egreditur M^2 in eis | *fehlt* S 25 eo | ea S enim | un-
klar N subtiliores habet   habet subtiliores N

partes et longinquius est a raritate, est magis susceplibile formae
et uehementius reddens descriptionem formarum.

Similiter est sensatum sequens subiecta suorum sensatorum.
inuenimus enim in eis conturbationem et tortuositatem et reli-
quas species diuersitatis, accidentes eis ex parte materiae. et 5
omnis quidem diuersitas accidit ei ex parte materiae. uirtutis
autem formatiuae sensibilis, cum materia sua, non accidit formis
corruptio accidens ex materia. et propter illud inuenimus formam somnialem firmiorem et meliorem.

Et iterum ipsa inuenit quod non inuenit sensus omnino. 10
nam ipsa potest componere formas. sensus uero formas componere non potest, quoniam non potest commiscere materiam
neque operationes eius. uisus autem non potest facere nos inuenire hominem habentem cornua, aut pennas aut aliud ab hoc
de illis, quae non sunt homini in natura, neque animal irra- 15
tionale rationale. non enim potest illud, cum non sit inuentum
in materia sui sensati omnino, cuius est, ut inueniat formas in
ea. cogitatio uero nostra non prohibet nos quin imaginemur hominem uolantem, cum non sit pennatus, et lupum rationalem. et
haec quidem uirtus formatiua non est formatiua nisi cognitionis 20
sensibilis, quaecunque cogitatio accidit ei. et apud uacationem suam
ab omnibus sensibus exemplificatur [uel imaginatur] forma illius cogitationis nobis nuda absque materia. quare inuenimus in somno
de formis sensibilibus quod non inuenimus cum sensu omnino.

Iam ergo manifestum est nobis quid sit uisio, per illud 25
quod diximus.

1 longinquius | longius S longinqus N   est magis | et magis N su-
sceptibile | subtilius S   2 et ut S   descriptionem susceptionem N
3 est sensatum | sensatum est M²S   4—5 reliquas | reliqua S   5 acciden-
tes | accidens N   6 ei | eis N   8 illud | id S   8—9 formam i fehlt S
10 Et . . . inuenit | quia ipsa inuenis iterum sensus omnino N Homoioteleuton
11 formas (bis) | formam N   12 potest | ualet NM²   13 neque | nec N
autem | enim NM²   facere nos | fehlt N   14 aliud | aliquod N aliut M²
15 de illis . . . homini | quod non habet homo N   15—16 irrationale ratio-
nale | rationale irrationale SN   sui | fuit M²   18 nostra | fehlt N   pro-
hibet | proibet S   nos | fehlt SN   19 pennatus | fehlt N   et | ut S
20 formatiua | fehlt N   cognitionis | cogitationis N   21 ei | ea N   et |
quia N   22 sensibus | sensibilibus M²   imaginatur | fehlt S   23 nobis
nuda | nb' auida (!) N   35 quid | quod S

Visio igitur est cum anima utitur cogitatione et dimittit
usum sensuum ex parte sua. ex impressione uero sua, ipsa est
sigillatio formarum imaginationis, super quam cadit cogitatio habentium formam in anima cum uirtute formatiua, propterea quod
5 anima dimittit usum sensuum et adhaeret usui cogitationis.

[II]

Quare autem uideamus quasdam res antequam sint? et
quare uideamus res cum interpretatione significantes res antequam sint? et quare uideamus [quasdam] res facientes
10 nos uidere contrarium earum? et quare uideamus res et non
uidemus eas, neque uidemus earum interpretationem, [et] neque
uidemus contrarium earum omnino?

Causa in hoc est quod inest animae earum scientia per
naturam et quod ipsa est locus specierum omnium rerum sen-
15 sibilium et rationalium.

Et ante nos quidem dixit etiam illud Plato philosophus
Graecorum et aperuit illud et narrauit ab eo philosophus eorum
famosissimus Aristoteles in sermonibus naturalibus.

Et Plato quidem non dixit illud nisi quia sunt res notae
20 omnes aut sensatae aut rationalae, et est animae inuentio rationatorum cum inuentione sensatorum. et fuit illud propter quod
dixit quod anima est sentiens, scilicet quod ipsa inuenit sensata
in essentia sua. et dixit quod [ipsa] est rationalis, quoniam
ipsa inuenit rationata in essentia sua. et non est sensatum in

---

1 cogitatione et | cognatione (!) S   2 impressione | parte N   est |
fehlt S   3 imagi: ationis | ymaginis S   quam | quod S   4 propterea | pro-
pter M²   5 usui | uisui N   6 [II] | fehlt SN   7 uideamus | uidemus S
7—9 et quare . . . sint | fehlt N   8 uideamus | uidemus S   cum interpre-
tatione significantes | significantes cum interpretatione M²   8—9 res ante-
quam sint | antequam "sint" res S   9 uideamus | uidemus S   [quasdam] |
fehlt SM²   nos | uel uidemus nos S   10 earum | eorum S   11 uide-
mus | uideamus SN   neque uidemus | fehlt N   earum | eorum N   inter-
pretationem | interpretationes N   [et] neque | et nos N   12 earum | eorum
S   13 earum scientia | fehlt N   14 et | fehlt N   est | fehlt S   14—15
specierum . . . rationalium | omnibus sensibilibus rebus et rationalibus
SM²   zu 11—15 Randnote: Nota quod inest animae per naturam quod
sit locus specierum N   16 Et | quia N   quidem | quidam N   etiam
illud | id S illud etiam M²   17 Graecorum . . . eorum | georum M²   ape-
ruit | aperiuit S   philosophus eorum | phariscus (!) S   18 famosissimus |
famosus NM²   Aristoteles | Aristotiles M²   naturalibus | fehlt S   19 non |
fehlt S   nisi | fehlt S   20 omnes | comunes N fehlt S   21 et | quia N
23 [ipsa] | fehlt SM²   quoniam | quia N   24 ipsa | ipse N   rationata |
rationem N   et | quia N

anima res alia nisi sentiens. nam non est ibi aliud et aliud,
scilicet non est nisi essentia una, simplex. sentiens igitur [eius]
in dispositione sui sensus non est praeter sensatum, quoniam
abscisum est in ea ipsum sensatum, scilicet forma sensati. non
ergo formae in ea sunt res aliae quam ipsa. immo ipsa in illa 5
dispositione essentiae suae inuenit illam formam. et similiter
rationatum eius non est nisi uirtus eius nominata ratio, cum sermo
noster sensatum non sit nisi indiuidua et sermo noster rationatum non
sit nisi species et quae sunt supra species usque ad genus genera-
lissimum; uirtus enim inueniens sensatum, quae est communis 10
animalibus omnibus, est inueniens formas indiuiduarum rerum,
scilicet formam indiuidualem, quae est coloratio et figuratio et
degustatio et uocatio et odoratio et tactatio et omne quod est
sic ex formatione habentium materiam [et formam]; et uirtus
inueniens rationatum, quod est inuentum hominis, est inueniens 15
species rerum et discretiones specierum earum et quae conse-
cuntur eas. cum ergo sensatum est inuentum in anima, tunc
non est sentiens in anima nisi sensatum. et similiter ratio animae non est nisi rationatum, in dispositione cum anima inuenit
rationatum. ratio igitur in anima est rationatum et sensus est 20
sensatum, cum sint inuenta animae. ante uero quam inueniatur,
sensatum est forma indiuiduorum et rationatum est forma eorum
quae sunt supra indiuidua, scilicet specierum et generum. et
species quidem et indiuidua sunt omnia nota. ipsa igitur sunt
sentienti et rationanti, scilicet inuenta animae. sunt ergo omnia 25

---

1 alia | aliqua *S*   ibi | ihi nisi *N*   2 simplex | simpliciter *S*
2—3 eius in | in *N* in eius *S*   4 est in ea | in ea est *N* est in ea est *M²*
sensati | sensata *S* sensatorum *N*   5 formae ; forma *S*   immo | imo *S*
6 essentiae suae inuenit illam | in uenit essentiae suae illam (aliam *N*)*M²N*
et similiter | quia igitur *N*   7 non | nichil *S*   nisi uirtus eius | uirtus uis
ipsius *S* nisi uirtus ipsius *M²*   nominata | rationata *N*   ratio | ideo *S*
9 species | speciem *S*   11 indiuiduarum | indiuiduorum *M²*   12 figuratio |
significatio *N* fuguratio *M²*   13 zu uocatio *Interlinearglosse* : a uoce *M²*
odoratio | hodoratio *M²*   tactatio | tactus uel tactulitas *M²*   14 [et formam] |
fehlt *NM²*   et | quia *N*   16—17 consecuntur | consequuntur *SM²*   17 cum
ergo sensatum est inuentum | cui est ergo inuentum sensatum *S*   anima | ea,
scilicet anima *N*   18 nisi | uel praeter nisi *M²*   et | quia *N*   19 non |
uel praeter non *M²*   nisi ; fehlt *S*   21 cum | cuius *S*   ante | unklar *N*
uero quam | quam uero *M²*   22 est forma | forma est *S*   ´23 et | quia *N*
24 et | fehlt *N*   25 et | fehlt *SM²*   rationanti | ratiocinatio *N*.

2 •

in anima. propter hoc ergo dixit Plato, quod anima est locus
omnibus rebus sensatis et rationalis.

Anima igitur est sapiens per naturam, quoniam scientia
omnis non est nisi sensui et rationi et *illis* quae sunt de genere
5 corum et specie ipsorum.

Et quia iam appropinquatur ut ostendamus quae causa sit
in diuersitate dispositionum uisionis in antecessione suae cognitionis, tunc dicamus quod anima proplerea quod est sapiens
per naturam suam uigilantem sensibilem, quandoque innuit res
10 antequam sint aut indicat eas ipsas. cum ergo est res praeparata integritati receptionis cum mundificatione accidentium
quibus corrumpitur receptio uirtutum animae. et anima est fortis
ad demonstrandum ut faciat apparere inpressiones suas, in instrumento essentiae uiui, [et] reddit res ipsas antequam sint
15 et secundum quantitatem dispositionis suae in bonitate. similiter
fit multotiens quod ipsa dat [eis] res ipsas. dispositiones enim
unius instrumenti de instrumentis animae, scilicet in indiuiduis
habentibus animas completas scilicet humanas. quandoque diuer-
sificantur in temporibus. quare fiunt quandoque susceptibiliores
20 et quandoque debilioris receptionis. haec ergo est causa in uisione, a qua antecedit praeuisio rei, antequam ipsa sit.

Innuitio autem est quando instrumentum minus est
praeparatum ad recipiendum praeuisionem animae. qua enuntiet

2 rebus | *fehlt* N   *zu* 1–2 *Randnote:* nota quod dixit Plato quod
anima est locus omnibus sensatis.   3 est sapiens | sapiens est S   3–4 quo-
niam ... illis | *fehlt* N   4 illis | *fehlt* NM¹   5 et specie ipsorum | *fehlt* S
ipsorum | ipsarum N   6 et quia | ut quid S   appropinquatur | appropin-
quat SM²   causa sit | sit causa S   antecessione | antecessionis M²   7–8
suae cognitionis | cognitionis suae S   8 quod anima | *fehlt* N   9 per |
propter S   suam | *fehlt* N   quandoque | qm (quoniam) N   innuit | minuit
S   10 indicat | iudicat SN   res | *fehlt* N   12–13 anima est fortis ad
demonstrandum | ad demonstrandum est fortis anima S   13 ut faciat ap-
parere | *fehlt* NM²   14 essentiae | *fehlt* N   [et] | *fehlt* NM²   ipsas | *fehlt*
S   16 fit | fit et ipse fit S   dat [eis] res ipsas | ipsas ij res dat S dat res
ipsas M²   dispositiones | dispositio N   17 unius instrumenti | instrumenti
unius SM²   - in | *fehlt* SM²   18 quandoque | qn N quoniam S   18–19
diuersificantur N diuersantur N diuersificatur S   19 susceptibiliores |
susceptibiles N   22 Innuitio autem | Innuatio autem S inuentio aut N
est | *fehlt* M²   quando | quandoque N quoniam S   minus est | est minus
NM²   23 recipiendum praeuisionem | receptionem praeuisionis N   quia |
q SN   enuntiet | enunciat N

de nominibus ab eis. ipsa enim tunc subtiliatur ut eueniat uiuo
quod uult euenire ei per innuitionem. uerbi gratia, sicut ipsa
uult ut [ipsa] faciat eum uidere niatorem, quare facit uidere
ipsum quod nolat de loco ad locum, innuitur ergo ei transmu-
tatio. et similiter quando non potest instrumentum recipere 5
causas cogitationis mundae. nam sicut inuenitur de hominibus
uiuis qui cogitat de re antequam sit et utitur cogitatione sua
sana cum propositionibus ueris ad similitudinem illius rei, gene-
rantibus ueritatem conclusionum ad omne illud de quo cogitauit
et indicat res, et debilitantur dispositiones aliorum hominum ab 10
hoc ut egrediatur huiusmodi cogitatio ab eis. quare fiunt eorum
credulitates aestimationes. et aestimatio habet duas extremitates
contrarias, scilicet est ita et non est ita. et tunc si accidit
casus aestimationis super rei ueritatem, est uera; et si
accidit casus super contrarium ueritatis, est aestimatio falsa. 15
similiter accidit in uisione, cum abbreuiatur ab ordine cognitionis in antecessionibus. quoniam fit cogitatio eius aestimatio. quae igitur cadit super ueritatem rei, est interpretatio,
scilicet quod innuitur, et quae cadit super contrarium ueritatis,
est illud quod significat, scilicet contrarium eius quod uidit ui- 20
uum de uisione.

Istae ergo sunt intentiones cogentes animam ad uisionem
uel ad innuitionem, et est de assimilatione in uigilatione, sicut diximus.

1 tunc | non *N*   ut | et *S*   3 [ipsa] | *fehlt N*   eum | *fehlt NM²*
ipsum *M²*   3—4 quare facit uidere ipsum | *bis (Dittographie) N*   4 innui-
tur | inuenitur *N*   ergo ei | ei ergo *M²*   5 et | quia *N*   non | ī *M²*
recipere | capere *S*   cogitationis | cognicionis *M³*   7 uiuis | unus *N*
cogitat | cogitant *S*   sua | *fehlt SM²*   9 ad omne | dantium *SM²*   10 ab |
ad *N*   11 egrediatur | ingrediatur *S*; *dazu Interlinearglosse*: scilicet aliis *M²*
cogitatio | cogitantem *S. So von späterer Hand corrigirt.*   ab eis | *fehlt*
NM²   fiunt | fuerit *N*   12 credulitates | crudelitates *M²*   *zu* 12—13 *Rand-*
note: Nota quod aestimatio habet duas extremitates, quae sunt est ita et non
est ita *N*   13 accidit | accidat *SN*   14 rei ueritatem | ueritatem N ueri-
tatem rei *M²*   15 accidit | accidat *N*   16 abbreuiatur | abreuiatur *N*
16—17 cognitionis | cogitationis *N*   18 igitur | ergo *SM¹*   rei | *fehlt S*   19
quae | quod *S*   20—21 uiuum | unum *S* uiuū *N*   22 cogentes | *fehlt S*
22—23 ad uisionem uel | *fehlt S*   23 innuitionem | inmutationem *S* inuen-
tionem *N*   assimilatione | assilatione *N* assimulatione *S*

Putatio igitur, siue aestimatio habens duas extremitates, uerificatur quandoque et mentitur alia uice. instrumentum enim si forte sit ad recipiendum innuitionem ueram, egredietur res nera. sicut facit aestimator aestimationis fortis, ca-
5 dens cum ueritate rei, quamuis non sciat illud scientia completa. demonstratiua. scilicet argumentatione, quoniam cadit cum ueritate rei.

Qui autem est debilis cogitationis est strictae cogitationis in uigilia. nam unusquisque amborum conuenit ueritati quando-
10 que et conuenit falsitati quandoque. cum autem debilitatur instrumentum a receptione innuitionis, quae est similis fortitudini aestimationis, uenit res e contrario. aestimator enim aestimationis debilis est errans. contrarium igitur semper est uerum.

et hoc quidem est uisio, quam qui uidet uidet contrarium
15 eius. quod uidet in somnio suo. sicut qui uidet hominem mortuum et prolongatur eius tempus; et uidet hominem factum pauperem et crescit census eius, et quae sunt ita. cum autem debilitatur instrumentum debilitate cum qua non recipit aliquem eorum ordinum. non est ei ordo. quo narretur, neque conditiones conuenien-
20 tes, et diuersificatur sicut est illud, quod accidit permiscenti cogitationes in uigilia. fortasse enim ipse uult componere dictionem nedum aliquo subtilietur ex locutione communi et loquitur plurimo sermone et

---

1 siue | sicut S .f. N. *Vergleiche die Randglosse.* zu 1—2 *Rand-glosse:* Nota quod putatio siue aestimatio uerificatur quandoque et mentitur alia uice N et | *fehlt N* 3 innuitionem | inimitationem N egredietur | egreditur M²N 4 aestimator | extinia extimator N 4—5 cadens cum | cadentis a S 5 sciat | faciat N illud | id S 6 demonstratiua | demonstrata N scilicet | *fehlt N* argumentatione | argumentationem S cum | a S 8 qui | q̄ N est (*cor* ‚debilis‘) | *fehlt S* 10 quandoque | *fehlt N* 11 innuitionis | in mutationis NS similis fortitudini | simul fortitudinem S 13 igitur | est N 14 et quia N quidem | q̄ᵘ N 15 quod | et S uel N uidet | uidit M² somnio | sonnis M² sompnio N sompno S suo | eius S 17 crescit | prolongatur S census eius | eius census S 18 eorum | horum SM² 19 quo | qui SN quod M² narretur | narratur N meretur uel qui uarietur N 19—20 conuenientes | *fehlt S* 20 *nach* ‚diuersificatur‘ dictione nedum a quo subtilietur S *Dittographie.* *Vgl.* Z. 21—22. est illud | id S 20—21 cogitationes | cogitationem N 21—22 aliquo | a quo N aliquo ... loquitur | excomunicationi locutione subtilietur a quo et loquor N 22 et | *fehlt N*

permiscet ipsum. et est de illis quos communitas nominat plurimi casus in dictione, sicut narratur de Hamet filio Nazir, et aliis. et huiusmodi uisio, quae est secundum hanc similitudinem, est quae nominatur ahlagat[e], et hoc nomen non est deriuatum nisi ex ipsis ahlagat. ahlagat enim est ramus arboris 5 mortuae. ipse enim est communicans arbori cum nomine, per similitudinem longinquam. similiter haec uisio ergo est communicans uisioni mortuae nomine, non ueritate intentionis.

[III]

Causae autem propinquae facientes dormire uiuum sunt 10 infrigidatio cerebri et infusio eius. nam cum ipsum humectatur et infunditur, mollificatur a dispositione suae aequalitatis et praeparationis ad motum sensibilem, cum instrumenta sensus sint procedentia et crescentia ex cerebro, sicut iam diximus in similibus sermonibus ad illud, scilicet in sermonibus de natura 15 animalium. dimittit enim anima usum sensuum propter difficultatem illius et declinat ad cogitationem et accidit somnus et quod uidetur in somno. at causa humectans cerebrum et infrigidans ipsum est profundatio caliditatis in corporibus uiuis intrinsecus et frigus extremitatum eius et eleuatio uaporis humidi 20 subtilis propter submersionem caliditatis in interioribus corporis ad cerebrum.

Et de significationibus ad illud est quod, quando nos multum replemur de cibo humido et frigido et quiescere facimus

1 permiscet ׀ permisset S et est ׀ quia N   2 sicut ׀ quos communitas, sicut N. Wahrscheinlich Dittographie   Hamet ׀ ani3 N hamo S   Nazir ׀ nassir S nasir M² 3 huiusmodi ׀ haec SM² 4 ahlagat[e] ׀ agthagathe N athagathe S athgathe M² et ׀ quia N 5 nisi ׀ ei nisi M² ahlagat ׀ agtagat N athagath S athgath M² ahlagat ׀ fehlt M athagath S athgath M² 6 ipse ׀ ipsum S est ׀ fehlt NM² communicans ׀ comunitas S 7 haec uisio ergo est ׀ ergo haec est uisio SM² 8 nomine ׀ fehlt N 9 [III] ׀ fehlt SNM² 10 autem ' enim M² zu 10—11 Randnote: Nota causas quae faciunt dormire N 11 infusio ׀ intentio S infasio (unklar) N 12 et ׀ fehlt N aequalitas ׀ qualitas S 13 cum instrumenta ׀ in instrumenta N 14 sint ׀ sicut N iam ׀ fehlt M² 15 similibus sermonibus ׀ sermonibus similibus M² sermonibus N sermonibus ׀ sermone SM² 16 animalium ׀ animalis SM² fehlt N et ׀ fehlt M² 19 profundatio ׀ redundatio N dazu uel submersio (Interlinearglosse) M² 19—21 in corporibus . . . submersionem ׀ fehlt S (Homoioteleuton) corporis . . . intrinsecus ' interioribus corporis uiui M² (Vgl. Z. 21) eleuatio ' aleuatio M² 21 corporis ׀ coris ("cordis') N 23 Et ׀ fehlt N significationibus ׀ significationis S est ׀ fehlt S quod ׀ fehlt M² 23--24 multum replemur ׀ replemur multum S 24 de ׀ fehlt SM² et quiescere ׀ quiescere N

caliditatem nostram, tunc infrigidatur quod apparet de corporibus
nostris et humectatur caliditas et mollificantur sensus et graue
fit nobis uti eis, et illi, quorum usus est cum apertione, clau-
duntur, et si uiuum sit secundum dispositionem ne ualeat eos
5 claudere, natura praeparat eis quod ipsos claudat a sensu, sicut
est id quod accidit oculis. ipsa enim conuertit nigredinem
eorum et occultat sub palpebris superioribus; licet sit natura
animalium, quibus possibile est nigredinem sui uisus dilatare et
constringere, sicut inuenitur in catis et leporibus et in rapacibus
10 auibus et quae sunt ita. ipsa enim sunt praeparata ad
constringendum nigredinem sui uisus et dilatandum eam. et
palpebra constructa corrugata est constringens nigredinem, ita
ut |cum| fiat in dispositione neque sentiat aliquid propter gra-
uedinem usus eius in animali cum frigore cerebri et humiditate
15 eius. ita ut cum nos uolumus prouocare somnum, quiescere
facimus corpora nostra a motu et claudimus palpebras et in-
geniamus tenebris loca nostra et elongamus a nobis uoces ut
destruatur usus sensuum, quare fit somnus, quem definiuimus in
principio.

20   Et de significationibus iterum ad illud est quod quando
nos ingredi facimus cogitationem nostram introitu uehementi et
incuruamur ad inspiciendum in libris, cogitatione in eis existente,
et quiescere facimus membra nostra ad illud, tunc infrigidatur
quod apparet de corporibus nostris propter priuationem calidi-

---

1 caliditatem | qualitatem *S* et qui caliditatem *N*   tunc | et cum *S*
infrigidatur | infrigidat *N*   2 mollificantur | mollificatur *N* molificantur *M²*
nach sensus | *Lücke S* nostri *M²*   3 nobis | ei *N*   uti | ut (!) *S*   illi
quorum | illorum *S*   apertione | aptōne *S*   4 et | quia *N*   uiuum | uinum (!)
S   5 a sensu | ascensu *S*   6 id | illud *M²*   oculis | occulis *S*   nigredi-
nem | in nigredinem *M²*   8 nigredinem sui uisus ingredinem sui uisus *N*
sui uisus ingredinem *S*   9 sicut inuenitur | in dilatura *S*   catis | ghatis *N*
cutis (!) *S*   leporibus | soporibus (!) *S*   in | *fehlt M²*   10 ita | itaque *N*
11 sui uisus | uisus sui *S*   12 constructa corrugata | constricta corugata *N*
constricta corrugata *M²* *fehlt S*   est constringens | ad constringendum *S*
13 [cum] | *fehlt SM²*   neque | ne *M²fehlt N*   13—14 grauedinem | ingre-
dinem *S*   15 ita | *fehlt S*   nos *fehlt N*   somnum | sompnium *N*   16 fa-
cimus | faciamus *S*   palpebras | palpebris nostras *S*   16—17 ingeniamus |
ingemamus *SM²* ingemmanus *N*   17 uoces | *unklar N*   18 definiuimus |
diffiniuimus *N Lücke S*   20 Et | quia *N*   ad illud | illius *N*   21 nostram |
fehlt SM²   22 incuruamur | incuruatur *S*   inspiciendum | aspiciendum
NM²   infrigidatur | refrigidatur *N*   24 propter | per *N*

tatis accidentis et mollificantur sensus nostri et grauis fit nobis
sensus et accidit nobis somnus per illud quod eleuat illud quod
de caliditate est intus quod de uapore frigido et humido est
accedens ad cerebra nostra.

Et de · hoc iterum est illud quod accidit nobis in succes- 5
sione laboris uehementis, dum non est in corporibus nostris
caliditas extrema egrediens innata. indigemus enim ut quiescere
faciamus corpora nostra a motu laborioso. cumque ea quiescere
facimus. intrat caliditas et eleuantur ad nostra cerebra illi ua-
pores frigidi et humidi et adiuuat nos natura ad illud uehe- 10
menter. illud enim bonum fit ex actu eorum corporibus, quoniam somnus facit quietem membrorum a motu et euacuat instrumentum digestionis digestioni et facit adquirere corpus ex
cibo restaurationem eius, quod currit ei et resolutum est ex
eo per laborem cum hoc, quod euacuat [uel coadunat] etiam ca- 15
liditatem ad coquendum illud. quod est in interioribus corporis
concauitatibus, et in suis interioribus. et haec quidem est causa
finalis ipsius somni.

Creator enim totius, cuius sublimis est fama, posuit animali tempus ad quietem et operationem instrumentorum et uirtutum, 20
quae sunt ad nutrimentum, faciens quiescere corpus uiui cum
est resolutum et currens. non enim perficitur id quod replet et
nutrit corpus uiui cum illo, quod currit ex illo semper, nisi per
illud, quod assimilatur quieti et tranquillitati, id est somno,

1 accidentis ' accidentalis N   2—3 somnus . . . et quod | fehlt S
et quod | fehlt M²   3 frigido et humido | humido et frigido SM² · 3—4 est
accedens | fehlt SM² et accedens N   5 Et · quod N   de | fehlt S 6 dum non |
fehlt N   7 extrema | extranea S   indigemus | ingrediemur S   9 facimus |
faciamus N   ad nostra cerebra | cerebra nostra M² cerebra N   10) adiu-
uat | iuuat N   11 actu tacto S tactu M²   12 euacuat | uacuat N   13
digestionis S   digestioni et | et digredi S dī grā (Dei gratia!) et N   adqui-
rere | ad quiescere S   ex . ex a M²   14 restaurationem ; restauratione S
currit ei | cucurrit ei N   cum curitur S curit M² und so immer   et | fehlt
N   15 [uel coadunat] | fehlt S   etiam | per S   16 coquendum | de-
coquendum M²   illud | etiam illud N   quod ; hoc N   est | fehlt S
corporis | coris N   17 concauitatibus | ineunt concauitatibus S in suis con-
cauitatibus M²   et | fehlt N   in | fehlt SM²   et haec ! et hoc S quia
huius M²   ipsius | essentiae SM²   18 zu somni: uel ad hoc ut sit sonnus
Glosse M²   19 enim | fehlt N   sublimis est ! est sublimis N   20 ad
quietem et operationem ! quietis ad operationem N ad quiescere et operatio-
nem S   21 quiescere | crescere S   22 currens | crescit N   perficitur | pa-
titur S   id | illud. M²   et | fehlt M²   23 corpus | corpora SN.   illo |
eo M²   24 illud | id M²   assimilatur ' assimilatur S   : id | fehlt SNM²
est | et SM²

cum fortitudine in digestione. nam si non fuerit ei quies som-
nifera, euacuatur natura a digestione cum integritate, et pro-
hibetur digestio in uirtutibus suis propter sensum.
digestio enim
non fit equalis digestio cum administratione sensuum, quae
5 ualeat replere illud quod euacuatur de membris corporis uiui et
quadam parte uirtutis. et de significationibus ad hoc est quod
illi quorum uirtutes infrigidantur propter uehementiam laboris
aut uehementiam euacuationis per expulsionem spermatis aut
per medicinas, percipiuntur dormire ut confortentur eorum na-
10 turae ad addendum in digestione. et inuenimus eos, cum eui-
gilant post somnum factum, in hoc, quod, cum excitantur, iam
recessit ab eis debilitas, quam fecit euacuatio et expulsio per
laborem et per medicinas, tota aut plurimum eius, et redierunt
uirtutes eorum.
15 et similiter accidit ei cuius perseuera[ueru]nt uigiliae: ue-
hementia siccitatis et profundatio temporum et oculorum et sicci-
tas cutis faciei super os. et substrahuntur adipes [uel pulpae] duarum narium et acuitur nasus et contrahuntur palpebrae et coa-
gulatur sputum: sicut illud quod accidit ei qui euacuatur per
20 medicinam aut per coitum. et consumitur humiditas innata,
cuius consumptio est causa mortis propter paruitatem qua
potest natura de digestione cum uigiliis, cum uirtus eius sit
diuisa sensui et omnibus operationibus animae. ita ut ille,
cuius perseuerant uigiliae, licet multiplicetur cibus eius, tamen

1—2 somnifera | sompnifera *SN* sonnifera M^2 2 natura | quies *S*
a · in M^2 4 sensuum | sensus *N*   5 replere | *fehlt S*   membris cor-
poris ! corbus (corpor*a*libus?) membris *N*   6 et | quia *N*   significationibus |
signationibus *S*   ad hoc | ab eo *N*   7 illi | est *S*   uirtutes infrigidan-
tur | iufrigidantur uirtutes *N*   7—8 laboris aut | *fehlt* M^2 *(Homoioteleuton)*
9 medicinas | materias *S*   percipiuntur | percipimur   10 ad addendum |
ad dandam *S Haplographie*   11 excitantur | excitatur *N*   12 fecit | facit *N*
13 laborem | latorem (!) *N*   et per | per *N*   15 et | quia *N*   ei | *fehlt S*
perseuera[ueru]nt | perseuerant M^2S perseuerauerunt *N*   16 temporum | ιπõϛ/
(für ῑρο̄ϛ*)* *N* τῖρο:ϛ M^2 oculorum | occulorum SM^2 17 os | hos *N*   sub-
strahuntur | substrahentur *S* contrahuntur *N*   [uel pulpae] | *fehlt N* uel
uulue *Interlinearglosse* M^2 18 narium | auium (!) *S*   acuitur | accuitur
S   19 sputum | spiritum (!) *S*   illud | id *S*   20 aut per | aut *S*   coi-
tum | cogitum M^2 21—22 qua potest | quapropter *S*   22 digestione | digestio
N   23 operationibus | operibus *N*

festinat consumptioni humiditatis et morti. et illius, cuius
somnus multiplicatur cum cibis conuenientibus in adiutorium
somni super digestionem, magnificatur corpus et humectatur
propter multitudinem nutrimenti.

Postquam igitur iam manifestum est quae sint causae 5
somni proximae et longinquae, tunc iam apparet iuuamentum
somni in quo sit. Ipse enim, sicut praemisimus, confert in com-
plemento nutrimenti, et adiutorio naturae ad firmanda corpora
et confortanda ea, scilicet ad restaurationem eius quod elonga-
tum est ex eis.   10

Hoc igitur est sufficiens ad illud de quo quaesisti secundum locum tuum in speculatione. et eius est haec epistola.
Explicit.

---

1 consumptioni | consumptio *S*   morti | mortis *N*   et | quia *N*
2 adiutorium | adiutoris *S* adiutorio *M²*   3 et | *fehlt M²*   3—4 humecta-
tur propter multitudinem | post humectatur per similitudinem *S*   5 igitur
iam | iam igitur·*N*   quae sint | quaesitum *N*   6 et | *fehlt M²*   7 enim |
cum enim *N*   8 firmanda | firmandum *S*   9 confortanda | confirmanda *N*
confortando *S*   12 et . . . epistola | *fehlt NM²*   13 Explicit | Explicit liber
alchindi *N* Expliciunt cause sompni *S fehlt M¹*.

Liber de quinque essentiis.

Sapiens Aristoteles ubi dialecticam incepit dixit quod scientia cuiusque rei, quae inquiritur, cadit [uel continetur] sub philosophia, quae est omnis rei scientia, oportet ergo in primis
5 ut philosophiam apud illam scientiam diuidamus, et consideremus sub qua ipsius partium contineatur res.

Philosophia igitur diuiditur in scientiam et operationem [id est theoricam et practicam], et illud iterum ideo quoniam anima diuiditur in duas partes, quae sunt cogitatio uel ratio et sensus,
10 quemadmodum ostendimus in libro categoriarum, quia igitur philosophia non est nisi ordo animae, conueniens est ei ut diuidatur in duas partes, sicut anima in duas partes diuiditur, sicut enim anima diuiditur in cogitationem [uel rationem] et sensum, et similiter diuiditur philosophia in scientiam et opera-
15 tionem, ut scientia uideatur pars cogitatina et operatio pars sensibilis.

---

1 Liber de quinque essentiis quem Jacob Alkindi filius ysaac composuit $I^{'1}$ Incipit alchindus de V essentijs *bis*, *rot und schwarz A* Incipit Liber de quinque essentijs a Jacobo Alchindo filio Isaac secundum sententiam Aristotelis *O* Alchindij Philosophi De quinque essentiis. lib. unus. $I^{'3}$
2 Sapiens . . . incepit | Philosophus qui dialecticam fecit $I^{'1}$ dialecticam | dialeticam *O fehlt A* incepit | incipit $I^{'3}$ 3 cuiusque uniuscuiusque $I^{'3}$ [uel continetur] | *fehlt* $I^{'1}$ uel continetur *ror* ‚cadit' *A* 4 omnis | communis *A* 5 philosophiam | philosophyam $I^{'1}$ *und so immer* 6 contineatur | continuatur *A* 7 igitur | autem $I^{'3}$ 7—8 [id est theoricam et practicam] | *fehlt* $I^{'1}$ id est in practicam et theoriam $I^{'3}$ 8 illud iterum | illud $I^{'1}I^{'3}$ istud *O* quoniam | quia $I^{'1}$ 10 categoriarum | cathegoriarum $I^{'1}$.10 categoricarum $I^{'3}$ igitur | ergo *A* *zu* 11 philosophya ordo est anime *Randglosse O* 12 sicut . . . diuiditur | *fehlt* $I^{'1}$ *(Wahrscheinlich Homoioteleuton)* 13 diuiditur | *fehlt O*, *ror* ‚in duas partes' *A* sicut . . . diuiditur | scilicet $I^{'3}$ *(Wahrscheinlich Homoioteleuton)* [uel rationem] | *fehlt* $I^{'1}$ 14 et | *fehlt* $I^{'1}O I^{'3}$ 14—15 operationem | opinionem $I^{'1}$
15 cogitatiua | cognitam $I^{'1}$ (cogitā *für* cogitatā) 16 sensibilis | sensitiua $I^{'1}$

et pars quidem animae cogitatiua diuiditur in cogitationem
quae est diuinorum et in cogitationem quae est artificialium.

Rerum enim quaedam sunt quae non differunt ab hyle
[scilicet non sunt nisi hyle], et aliae sunt quarum constitutio
est per hyle [scilicet quae sunt per ea quae sunt ex hyle] et ⁊
sunt separatae et non coniunctae [scilicet cum hyle], et aliae
sunt quibus non est continuitas cum hyle penitus.
res uero quae ab hyle non differunt penitus sunt substan-
tialia siue corporea. et res quibus non est continuitas cum
hyle penitus sunt diuina, sicut theologica. et ea quae non sunt 10
coniuncta cum hyle sunt sicut anima [uel ea quibus cum hyle
non est continuitas]. et ipsa quidem non proportionantur nisi
ex artificialibus quae fiunt ex substantialibus ad diuina.

Deus enim summus destinauit [uel ordinauit] ea et posuit
media inter spissum [uel crossum], in quo non est subtile peni- 15
tus, et inter subtile, in quo spissum omnino non existit. et hoc
ideo ut sit semita et uia ex scientia substantiarum ad scientiam
diuinorum. quod si illud non esset, non apprehenderetur ex
spisso [uel crosso] subtile.

Operatio [id est practica] diuiditur etiam. nos tamen re- 20
memorabimus hic quod melius est in hac nostra inquisitione

1 quidem | quedam O   cogitatiua | nach ,diuiditur' V'³   2 in |.
fehlt V'¹   zu 3—7 Rerum materiales - medie - immateriales Randglosse O
3 Rerum | Eorum A   enim | igitur O   quaedam | aliae O V'³   hyle | yle
V¹V³AO und so immer   4 [scilicet . . . hyle] | fehlt V'¹   hyle | ex yle A
et | fehlt V¹V³O   5 est | est non A non est O V'³   hyle | ylem V¹V³OA
[scilicet . . . hyle] | fehlt V'¹   quae | que non AV'³O   per : fehlt O
nach ,hyle' | sicut anima AOV'³   6 [scilicet cum hyle] | fehlt V'¹ cum yle
OV'³   7 quibus | ex quibus A cum quibus V'³   est | fehlt V'³   nach
penitus | fügt sicut theologia bei V'¹   9 siue corporea | corpora A   10
penitus | vor ,cum hyle' O   sicut | scilicet ut A siue O seu V'³ ut V'¹
theologica | theologia A V'³ anima V'¹   non | fehlt V'³   11 cum | scilicet
cum AOV'³   anima [uel | fehlt V'¹   cum hyle | nach ,continuitas' A
13 artificialibus | artificialibus uel inter artificialia A   substantialibus | sen-
sibilibus V'³   14 summus | sublimis V'¹ sumus V'³   ,[uel ordinauit] |
fehlt V'¹   ea | eam O vor ,uel ordinauit' OV'³   15 media | mediam O
[uel crossum] | fehlt V'¹ et grossum OV'³   16 omnino | fehlt V'³   17 ideo |
modo V'³   scientiam | nach ,substantiarum' V³   17 - 18 scientiam di-
uinorum | diuinorum scientiam V'³ diuinarum scientiam O   18 illud | id A
istud O   19 [uel crosso] | fehlt V'¹   uel grosso OV'³   20 [id est practica] |
fehlt V'¹O   practica uero vor ,operatio' V'³   20—21 rememorabimus : de-
monstrabimus V'³   21 quod | quidem (qꝺ' für qꝺ') A

secundum scientiam rerum et non secundum operationem ipsa-
rum. nobis igitur necessarium est ut illas partes in quas diuiditur philosophia contemplemus et inde inueniemus hanc nostram
inquisitionem. et hoc est ut dicamus quod rerum aliae sunt
5 quae sunt in omnibus substantiis, aliae quae non sunt in omnibus substantiis. et istae quidem quae non sunt in omnibus substantiis sunt omnia caelestia, quae sunt ex stellis et orbe, et
his similia. et eorum quae sunt in omnibus substantiis sunt
quae sunt in generatione et corruptione et eorum quae sunt in
10 terra et eorum › quae sunt super terram et eorum quae sunt
supra terram. quae autem sunt in terra sunt sicut minerae, et
quae sunt supra terram sunt sicut animalia et his similia, et
quae sunt super terram sunt sicut pluuiae et nebulae et cor-
ruscationes et tonitrua et reliqua accidentia. quae sunt in aëre.
15   res autem quae sunt in omnibus substantiis sunt quinque.
quarum una est hyle, et secunda est forma, et tertia est locus,
et quarta est motus. quinta autem tempus. in omni enim re,
in qua est substantia, est hyle, ex qua ipsa est, et forma, qua
uidetur et qua distinguitur ab aliis rebus uisione, et locus, in
20 quo ipsa existet in omni termino. et illud ideo quoniam nullum

---

3 contemplemus | contemplemur AV^3 complectemus, *am Rande*: con-
templemus V^3 inde | tunc V^1V^3 i A inueniemus | inueniamus AO
4 est | est quidem A rerum | res V^1 *Zu* 4—6: Rerum alie sunt in om-
nibus substantiis ut ... - que non sunt in omnibus substantiis ut celestia
Randglosse O 5 aliae | et alie A 5—6 aliae ... substantiis | *fehlt* V^3 *(Ho-
moioteleuton)*   7 caelestia | cellestia V^1 orbe | orbes V^1 et | *fehlt* V^1 et
in V^3 8 his | in his V^3 similia | similium AO simili V^3 eorum | ea-
rum sunt V^3O omnibus | *fehlt* V^1 8—9 sunt quae | quae V^3OV^1 9
et eorum ... quae sunt | et earum sunt quae A 10 *nach* ‚terra' | sunt
sicut minere A 10—11 et eorum ... terram | *fehlt* O 11 autem | *fehlt* O
sicut | *fehlt* A minerae | mare V^3 11--12 et quae ... similia | *fehlt* O
12 sicut | *fehlt* V^3 his | eis V^1V^3 13 sicut | *fehlt* O pluuiae et ne-
bulae | nebulae et pluuiae O 15 res | es. *Der Platz für die Majuskel „R"*
ist leer gelassen V^1 autem | uero V^3 quinque | V A *zu* 16—17:
yle · forma · motus · locus · tempus *Randglosse* O 16 et secunda | secunda
AOV^3 et tertia | tertia AOV^3 est *(bis)* | *fehlt* A 17 et quarta | quarta
A quinta | et quinta A et 5ª V^3 autem | *fehlt* AOV^3 18 qua | ex
qua O 19 qua distinguitur | distinguitur A que distinguit eam O
19—20 in quo ipsa | in qua est ipsa et locus in qua ipsa A 20 in omni ,
ine V^1 illud ideo | ideo illud O quoniam | quoque A quia V^3

corpus dirigitur ut sit nisi in loco et in termino. et in ipsa
etiam est motus, quo ipsius constitutio existit, et hoc est ei
essentia in loco et tempore. tempus enim est numerus motus.
propterea ergo quod ostendimus quod omne corpus in quo est
motus est cui[us] motus est de loco ad locum, tunc iam mani- 5
festum est quod in ipso est tempus.

Nobis uero necessarium est ut propalemus signa harum
quinque substantiarum ex artificialibus. artificialia enim sunt
signa in substantiis [uel sicut substantiae] ut, puta, dicamus
quod in naui sunt istae quinque substantiae. hyle namque, 10
quae ex eis est, sunt ligna ex quibus fabricata est ipsa, et
forma quidem est sicut anguli qui sunt in ea, quibus ipsa distinguitur a gradu et porta et reliquis rebus. et ipsa etiam est
in loco et habet motum in loco et mouetur etiam in tempore. et
quemadmodum istae substantiae propriae sunt [uel conueniunt] 15
naui, similiter sunt propriae reliquis substantiis, quae sentiuntur.
et propter eas oportet ut hunc librum scribamus.

In primis itaque oportet nos scire quod principia, ex quibus est omnis res, sunt duo istorum quinque. et sunt hyle et
forma. quare necessarium est nobis ut incipiamus exponere 20

---

1 ut sit nisi | nisi sit *O* ut si nisi V^{-3} et in | et *O*   in | *fehlt* *A*
wiederholt nach ,ipsius' V^3 2 etiam | *fehlt* *A* V^3 2—3 et hoc est ei
essentia | et eius essentia est V^{-1} ex quo eius essentia est *O* et in quo
eius essentia est V^{-3} 3 in loco et tempore | cum tempore et loco $V^{-1} O V^3$
enim | igitur *O*   numerus | *unklar* *A*   4 propterea | *unklar* *A*   ergo |
igitur *A O*   zu 3—4 mediante motu quaeque res mota est loco seu
continuo in tempore *Randglosse* *O*   5 est cuius | et omnis V^{-1} est cui *A*
de loco | *fehlt* $V^{-1} A$ 4—5 in quo ... ad locum | in locus est in quo est
eius motus motus non est ad locum V^{-3} 7 uero | uero nunc *A* uero iam
V^3 ergo V^{-1} propalemus | prebemus V^{-3} 8 enim | non V^3 9 [uel
sicut substantiae] | *fehlt* V^{-1} 9—10 ut puta ... substantiae | ut puta in
naui dicimus que sunt iste quinque substantie V^{-1} ut putandum inquam
(putãd' iq) nauis iste quinque substantie *A*   10 sunt | sint *O*   11
ipsa | *fehlt* *A* vor ,fabricata' $O V^{-3}$ 12 quidem est | quidem eius *A* quod
est *O* est V^3 13 porta | portu *O*   gradu et portu porta et gradu
A et | *fehlt* V^3 est *nach* loco V^3 14 et | et quia *A*   habet mo-
tum | motum habet *A*   et mouetur etiam in tempore | et mouet ipsam
etiam tempus *O* V^4 et mouet etiam tempus ipsam uel in tempore *A*   zu
10—14 In naui: yle - forma - locus - motus - tempus *Randglosse* *O*   15
propriae sunt | sunt proprie V^{-1} proprie conueniunt *A*   [uel conueniunt] |
fehlt $V^{-1} A$ *nach* ,naui' $O V^3$ 16 quae sentiuntur | quas intuimus *A*   17 scri-
bamus | describamus *O*   19 et | hec V^3 20 ut incipiamus | *fehlt* V^{-1}

haec duo ante alia tria. et illud ideo quoniam oportet ut omnis res expositione indigens sciatur per expositionem principiorum, ex quibus est res, non quatuor species tantum, quae sunt de principiis compositorum, sed omnis res, quae est ex materia et
5 forma, ex quibus sunt ista quatuor: calidum, frigidum, humidum et siccum, quae sunt principia animalium et arborum et omnis rei in generatione et corruptione. hyle autem et forma sunt principia horum quatuor principiorum *et* sunt principiorum principia. ipsae tamen sunt singulares [uel simplices], ante quas
10 non est aliquid. quatuor enim sunt corpora, haec uero duo non sunt corpora, sed corpora componunt. et quod non est corpus non est compositum, sed composita sunt ex compositis, et quod non est compositum non est ex composito. quatuor uero sunt ex aliquo, duo uero non sunt ex aliquo. hinc ergo
15 conuenit nobis ut de eis loqui incipiamus. et quoniam materia recipit formam, necesse est nobis ante loqui de eo, quod suscipit aliquid, quam loquamur de eo quod suscipitur.

et nos quidem scire oportet quod declaratio omnis rei non est nisi ex ipsius definitione. definitio autem sermo est com-
20 positus ex genere, ex quo res definita existit, et ex differentia, ex qua fit praeter omnem rem.

---

1 alia | *fehlt* *V*¹*A V*³   haec duo | *nach* ,tria' *V*³   illud | *fehlt* *V*¹
quoniam | qm *V*¹   2 res . . . sciatur | indigens res exponi sciat *O* indigens res expositionem sensi ut sciant *(unklar)* *V*³   per | propter *V*¹*O V*⁴   ex-positionem | exceptionem *V*³   3 est res | res est *V*¹*V*³   4 sed | scilicet *A* s. d' *V*³   ex | in *O*   5—6 frigidum . . . siccum | humidum frigidum et siccum *V*¹ frigidum, siccum et humidum *V*³   6—7 et omnis | omnis *V*¹ *fehlt O*   7 rei | res *A fehlt O*   *zu* 7—8 yle et forma principiorum principia et per conse-quens principia 4 elementorum *Randglosse O*   8 horum | illarum *A* isto-rum *V*³   *et* | que *V*¹*V*³*AO*   9 ipsae | istae *O V*³   [uel simplices] | *fehlt* *V*¹   10 aliquid | aliud *V*¹*V*³   uero duo | duo uero *V*¹   *zu* 10—13 ani-ma ergo et angelus non sunt composita *Randglosse* *V*³   11 corpora com-ponunt | corpora composita *A* ex hiis corpora componuntur *O*   12 sed composita | et composita quidem *A O V*³   13 compositum | compositorum *V*³ ex composito | expositio *O*   14 uero | ergo *V*³   aliquo *bis* | alio *O V*³   duo uero . . . aliquo | *fehlt A*   15 loqui incipiamus | loquamur *A*   quoniam | q°, (quoque) *A*   materia | yle *A*   16 nobis ante | ante nobis *O V*³   16—17 de eo . . . loquamur | *fehlt V*³   *zu* 16—17 prius de materia *Randglosse O*   19 ex ipsius definitione | ex diffinitione eius *A* per diffinitionem *O V*³   definitione | diffinitione *V*¹*V*³*AO und so immer*   autem | *fehlt V*³   sermo est | est sermo *A O V*³   existit | consistit *V*¹   21 ex qua | qua *A* que *O V*⁹   rem | rationem *V*³

hyle uero, quemadmodum ostendimus, est ex genere generum, quoniam ante ipsam non est genus. ergo iam manifestum est quod eius declaratio non existit definitione. definitio enim non est nisi eius, supra quod est genus. oportet ergo ut consideremus illud, quo declaratur illud, quod supra se 5 non habet genus. et est ut dicatur quod est illud, quo declaratur ex reliquis rebus, scilicet differentiis, quibus distinguitur ab illis, quae sunt praeter ipsum, et proprietatibus, quae sunt ei propriae. definitione autem indigemus apud rem compositam, ut sciamus per definitionem ex quo componitur. apud rem 10 uero quae non est composita, contenti sumus differentiis solummodo, absque genere. et ipsae quidem nominantur proprietates. oportet itaque ut hyle suis proprietatibus declaremus.

I.

Sermo de hyle. 15

Et est ut dicamus quod hyle est quod suscipit et non suscipitur. et hyle est quod retinet et non retinetur. et hyle quidem cum tollitur, tollitur quod est praeter ipsam, sed cum tollitur quod est praeter ipsam, non tollitur ipsa. et ex hyle est omnis res. et ipsa est quae recipit contraria absque cor- 20 ruptione. et hyle non habet definitionem omnino.

---

1 est | fehlt A   ex genere | genere I'¹ genus I'ᵃ   3 declaratio | affirmatio I'¹ affectio uel declaratio Vᵃ . . . (Lücke) et declaratio O   5 ergo | igitur I'¹   ut | quod Vᵃ   illud (ror ‚quo‘) | fehlt I'¹I'ᵃA   illud | id I'ᵃ   8 illis | aliis O   ipsum | illum V' ipsam Vᵃ   9 propriae | differentiae propriae I'ᵃ   definitione autem | nam Vᵃ   11 sumus contenti A   12 quidem | fehlt O   13 itaque | ergo A   15 Sermo de hyle | roth O fehlt I'¹AI'ᵃ   16 Et est ut dicamus | fehlt I'ᵃ   hyle est quod | fehlt A ile quod I'ᵃ   17 retinet | tenetur I'ᵃ   retinetnr | tenet I'ᵃ   18 quidem | fehlt I'¹I'ᵃA   tollitur | fehlt I'ᵃ   praeter | fehlt Vᵃ   18—19 cum tollitur quod | quod cum tollitur I'ᵃ cum quod O   19 non | et non I'ᵃ   hyle | illa I'ᵃ   zu 16—21 1. Suscipit et non suscipitur. 2. Retinet et non retinetur. 3. Absente ipsa deficiunt reliqua et non e contrario. 4. Ex ea sunt omnia. 5. Recipit contraria absque eius corruptione. 6. Caret diffinitione Randglosse O   21 omnino | fehlt I'ᵃ

II.
Sermo de forma.

Forma uero est nomen comprehendens diuersa. omnis
autem, qui aliquid uult exponere, necessarium est ut, si nomen
5 illius sit commune, diuidat communitatem illam et distinguat
partem eius cuius uult expositionem. et est ut dicat quod forma
diuiditur in duas partes, quarum una est quae cadit sub sensu,
et altera forma quae cadit sub genere, propter quam aliquid fit
genus et dicitur de rebus diuersis numero. altera uero est qua
10 distinguitur aliquid uisione a reliquis rebus, substantiis et qualitate et quantitate et reliquis decem generibus; et constituit
omnem rem.

forma autem, quae est sub genere, non est de illis principiis singularibus; quapropter non oportet nos ipsius rememorari
15 in hoc nostro libro. liber enim noster hic est de substantiis
singularibus, quae reperiuntur in omni corpore.

forma uero qua aliquid distinguitur uisione a reliquis
rebus et principia singularia oportet nos exponere et enuntiare
quid sint. et quia eius expositio et enunciatio [scilicet formae]
20 notatur in hyle, oportet in primis ut rememoremur illius lo-

---

2 Sermo de forma | *rot O fehlt* V^1V^3A　　3 Forma uero | Formatio,
am Rande forma uero *O*　　est nomen | non est (n̄ *für* n) V^3　　diuersa |
uniuersa *O* uniuersa diuersa V^8　　omnis | omni *O* omne V^1　　4 qui | quod
in qui *corrigirt O* quod V^1　　aliquid | *nach* ‚exponere' *A* aliquis V^1　　*zu*
4—6 hoc apud . . . In sophista habetur etiam principium *Randglosse O*　　5
diuidat | quod diuidat *O*　　illam | *fehlt* V^1A　　6 eius | illam V^1 *fehlt O*
dicat | *unklar* V^3　　*Zu* 6—8 *Randglosse* formarum quedam cadit - sub sen-
su - genere uel forma speciei *O*　　8 forma | *fehlt* V^3　　8—9 aliquid fit ge-
nus | genus sit aliquid *O*　　9 dicitur | dicitur genus *A*　　diuersis | uniuersis *A*
10 uisione | de uisione V^8 diuisione V^1　　rebus reliquis *OV^3*　　11 decem |
10 V^1 X A　　generibus | generum V^3　　constituit | constitutionem V^8　　*Zu*
13 *Randglosse:* forma que est sub genere　　14 nos ipsius | illius *nach* ‚reme-
morari' *A* ipsius V^3　　15 libro | *fehlt* V^3　　hic | *fehlt A*　　16 reperiuntur |
sunt *A*　　omni corpore | omnibus substantiis in corruptione *A*　　17 distin-
guitur uisione | in uisione distinguitur *O* distinguitur V^1　　reliquis | ceteris
V^3 aliis *A*　　18 enuntiare | pronuntiare V^3　　19 eius | *fehlt* V^3　　et
enunciatio | *fehlt AOV^3*　　[scilicet formae] | *fehlt* V^1　　20 in primis ut | ut in
primis V^1 imprimis ut *O*　　rememoremur | rememoremus V^1 renouemus V^3

quendo. et est ut dicamus quod in hyle singulari est potentia, qua fiunt res ex hyle, et ipsa est forma. in hoc est significatio quod forma est potentia. uerbi gratia ex caliditate et siccitate, quae sunt singulares, cum concurrunt, fit ignis. hyle igitur est in caliditate et siccitate singularibus. forma autem est ignis, sed 5 potentia est quae, cum coniunguntur, fit hyle ignis.

nos igitur oportet nunc definire formam. dico ergo quod ipsa est differentia, qua differt aliquid ab aliis uisione, et uisio est cognitio eius. haec ergo est definitio, qua differt forma ab aliis rebus. 10

III.

Sermo de motu.

Motus autem diuiditur in sex species. quarum una est generatio, et secunda corruptio, tertia alteratio, quarta augmentum, quinta diminutio et sexta permutatio de loco ad locum. 15

generatio autem non est nisi in substantia, sicut ex caliditate et frigiditate generatur homo.

et similiter corruptio non reperitur nisi in substantia, sicut est quando homo fit terra.

augmentum uero et diminutio non sunt nisi in quantitate, 20 sicut augmentum quod est in parte corporum. et illud ideo quoniam cum uides corpus aliquod, cuius longitudo est decem

---

1 singulari est | est singularis *A*   1—2 in hyle . . . est forma | ille singulis potentia est que fiunt res yle. et ex ipsa est forma I^{ra} 2 in hoc | hoc igitur I^{ra} est | *fehlt O A*   significatio | sig^m (signum) *A*   3 caliditate | calliditate V^l *und so immer*   siccitate | sic. et *A*   4 quae . . . ignis | sensibilibus forma autem est ignis I^{ra} cum concurrunt | concurrentes I^{ra} cum occurunt *A*   4—6 igitur . . . ignis | *fehlt A (Homoioteleuton)*   4—5 hyle . . . singularibus | *fehlt I^{ra}*   5 6 sed potentia . . . ignis | *fehlt V^l (Homoioteleuton)*   6 coniunguntur | coniungitur *O* iunguntur I^{ra} ignis yle *A* 7 igitur oportet | oportet igitur *A*   nunc | *fehlt A*   ergo | igitur I^{ra} *fehlt O* 8—9 et uisio est | *fehlt I^{ra}*   9 cognitio eius | eius cognitio *O* eius cogitatio V^a ergo hec est diffinitio *A* hec igitur diffinitio est I^{ra} 12 Sermo de motu | *rot O fehlt $V^l I^{ra} A$*   14 et secunda | secunda *A* et secunda est *O* 2^a I^{ra} tertia | et tertia est *O*   quarta | et quarta *O* et 4^a est I^{ra} 15 quinta | et quinta *A* I^{ra} et quinta est *O*   et sexta | VI *A* et sexta est *O* sexta I^{ra} 16 in | ex V^a ex | in, *was am Rande in ,ex' corrigiert ist* I^{ra} 18 reperitur | recipitur *A*   19 quando | quod *die Hdschr.*   fit | sit *O* 21 quod est in | *fehlt I^{ra}*   ideo | uero I^{rl} 22 aliquod corpus I^{rl} longitudo | longituto V^{rl} decem | 12 V^l X *A*

3 *

cubitorum, deinde fit nouem cubitorum, nominas motum illum
diminutionem. et si uideris corpus illud factum undecim cubitorum, nominas motum illum augmentum. siue enim in numero,
siue in tempore, siue in reliquis rebus, quae continentur sub
5 quantitate, fiat motus, si fuerit maius, nominabis motum illum
augmentum, et si minus, nominabis motum illum diminutionem.
et illud quidem non est nisi quantitas, quae est in substantia, quae
minuitur et augmentatur. duae namque partes, quarum unius longitudo est unius cubiti et alterius quatuor cubitorum, sunt una
10 substantia.

alteratio autem non est nisi in qualitate, quae est in substantia. sicut res alba permutatur in nigram et sicut frigidum
permutatione fit calidum et sicut dulce permutatur in amarum.

motus uero permutationis diuiditur in duas partes. aut
15 enim est reuolubilis aut rectus. et reuolubilis etiam diuiditur in
duas partes. aut enim non permutat locum sui situs, sed eius
partes permutant locum ad inuicem et sunt motae supra punc-
tum medium, quod est centrum, non recedens a loco sui situs,
sicut motus orbis in naturalibus et sicut motus molendini et
20 qui reuoluitur in accidentalibus, ut iaculatores et scientes in artibus, aut permutat locum sui situs, sicut motus plaustri. et hic
quidem est compositus ex recto et reuolubili. rectus item diui-

---

1 fit | fehlt A   nouem | 8 V¹ VI A   nominas | uocas I⁻⁸   2 ui-
deris | uides OA   corpus | fehlt I⁻¹   factum | fehlt O   undecim | 1Q. I⁻¹
(= 14) XI AOI⁻³   3 nominas | uocās I⁻⁴   motum illum | illum motum
A   enim ' fehlt O   4 rebus | fehlt V¹ substantijs V³   siue in reliquis
rebus, quae continentur | fehlt O   4—5 quae continentur sub quantitate |
fehlt V³   5 nominabis | uocabis V³   6 et si minus | et similiter I⁻¹ si
minus O et si fuerit minus I⁻³   nominabis.:. diminutionem | diminutionem
ipsum uocabeis V³ diminutionem O   7 quidem | quod V³   nisi | nisi si-
cut AO   nisi nach quantitas' V³   8 namque | quidem O   partes | res
V¹OV³   9 quatuor | Q A (= 4)   11 autem non est | fehlt A non est
V¹ enim non est O   12 res | fehlt V³   permutatur | mutatur A   13
permutatione fit ı per mutationem fit A permutatur in I⁻³   14 uero | au-
tem OI⁻³   15 enim : fehlt I⁻³   etiam | fehlt I⁻³   16 duas | 2ᵃˢ I⁻³
16—17 sui situs . . . inuicem | fehlt V³   17 partes | fehlt A   permutant
. . . inuicem | ad inuicem mutant locum I⁻¹ permutant ad inuicem locum A
18 sui situs | sinistro I⁻³   20 iaculatores ı unklar in AV¹O iacu latores
V⁻³   scientes in | fehlt AOI⁻³   22 item | autem I⁻¹O

ditur in duas partes. aut enim est ad medium, sicut motus
aquae et terrae, aut a medio, sicut motus aëris et ignis. partes uero motus recti sunt sex, scilicet dextra et sinistra, ante-
rior et posterior, superior et inferior. et isti quidem motus
omnes alteratiui et permutabiles sunt in qualitate.   5

IV.
Sermo de loco.

De loco autem dissenserunt quidem philosophi propter
ipsius obscuritatem et subtilitatem. eorum enim alii dixerunt
locum non esse omnino. alii dixerunt quod est corpus, sicut 10
dixit Plato. et alii dixerunt ipsum esse, sed non esse corpus.
Aristoteles uero dixit locum fore inuentum et manifestum. et
illius quidem declaratio est cum dicimus quod est locus et qua-
lis est locus. et incipimus hic ipsius declarationem ab inuentione loci.   15

dicimus ergo quod si corpus augmentatur uel minuitur et
mouetur, necessarium est ut id sit in aliquo, quod sit maius
corpore et comprehendat corpus. illud itaque in quo corpus
continetur nominamus locum. et illud ideo quoniam tu uides ubi
quandoque est uacuum aërem et ubi fuit aër aquam. et illud 20
ideo quoniam cum aqua aduenit recedit aër. locus autem cum

1 est ad medium | ad medium est V¹ est ad emperm̄ (empetum? om-
perium?) A est ad motus medium V³ motus | fehlt V² 2 terre et
aque A a medio | medius A 3 motus recti | recti motus V³ motus A
sex | 6 V¹ VI A dextra et sinistra | dexter sinixter O dexter et sinister
V³ 3-4 anterior | et anterior A 4 superior | et superior A isti |
illi A 5 omnes alteratiui | alteratiui omnes V¹ omnes alterantur V³
7 Sermo de loco | rot O fehlt V¹AV³ 8 dissenserunt quidem philoso-
phi | differunt philosophi V¹ quidam distinxerunt phi V³ 9-10 et sub-
tilitatem . . . omnino | fehlt V³ 10 non esse omnino | omnino non esse
V¹A alii dixerunt | eorum V³ 11 dixit | fehlt AOV³ et | sed A
corpus | Ilier hört V¹ auf 12 uero | fehlt A et | fehlt AV³ 13 illius
quidem declaratio | eius declaratio quidem A quod | quid AOV³ 13—14
et . . . locus fehlt V³ 14 hic ipsius | eius A ipsius V³ 16 dicimus ergo |
dicamus O 17 id sit | sit illud V³ aliquo ' alio A 18 comprehendat |
comprehendit A in | fehlt A 19 quoniam | q̄ A ubi | in V³ 20
est | est fuit A aërem | aere A fuit aër | aer fuit V³ aquam | aqua A
21 quoniam | q̄ A aqua | aqua : aqua A recedit aër | aer recedit O

hoc existit [uel consistit], neque destruitur destructione alicuius
ipsorum.

iam ergo ostensum est quod locus inuentus est manifestus.

oportet ergo nos ut sciamus quid est, postquam scimus eius
5 intentionem, et destruamus uerba contradicentis nobis et aesti-
mantis quod sit locus corpus.

dicimus ergo quod si locus est corpus, tunc corpus recipit
corpus, et quod corpus recipit et recipitur, ideoque semper sit
sine fine. et hoc est cui numquam sit intersecatio, et est falsum.
10 iam ergo manifestum est quod uerbum dicentis locum esse corpus, quod uidetur contradicenti nobis, est falsum. cumque illud
ita sit, tunc locus non est corpus sed superficies quae est extra
corpus, quod locus comprehendit. et eius quidem declaratio
affirmationis est quod tu scis. quod, cum in hyle singulari est
15 longitudo et latitudo et profunditas, [et] ipsa uocatur corpus.
et cum meditatur hyle habens longitudinem et latitudinem sine
profunditate, nominatur superficies. et cum meditatur hyle habens
longitudinem sine latitudine et profunditate, nominatur linea.
locus autem non est ex hyle quae habet longitudinem et latitu-
20 dinem et profunditatem, sed est ex hyle quae habet longitudinem
et latitudinem sine profunditate.

haec ergo est quidditas, qua distinguitur locus a reliquis
rebus, quae non sunt locus.

---

1 existit uel | *fehlt A* existit V^{r3} neque | et neque $A V^{r3}$ 3 ostensum |
manifestum $O V^{r3}$ locus | *fehlt* V^{r3} manifestus | manifestius A mani-
festum V^{r3} 4 nos | nobis O 6 locus | *fehlt* AO 7 dicamus | dicimus
$O V^{r3}$ 8 quod · *fehlt A*   et recipitur ideoque | et recipimus quod O
semper sit | sumpsit | V^{3} 8–9 ideoque . . . fine | *fehlt A*   9 cui | aut A
sit | id est . . . *(unklar)* est A intersecatio | intersecutio V^{r3} et | sem-
per et A 10 ergo | uero V^{r3} 11 quod uidetur contradicenti nobis | *fehlt*
$O V^{r3}$ sed | sed est A 12—13 extra corpus | externa corporis V^{r3} 14
cum in | in $A V^{r3}$ cum O singulari | singulis V^{3} 15 longitudo | latitudo
V^{r3} [et] | *fehlt* $A V^{r3}$ uocatur | nominatur O 17 nominatur | *fehlt* V^{r3}
18 sine | siue O et . . . nominatur | *fehlt* V^{r3} 19 et | *fehlt A*   20 ex
yle est A 22 est ergo A quidditas | quiditas O reliquis | ceteris V^{3}
aliis A 23 non sunt locus | locus non sunt O

V.

Sermo de tempore.

De tempore etiam dissenserunt philosophi. alii enim dixerunt quod est motus ipse, et alii dixerunt quod non est motus. oportet itaque nos discernere ueritatem horum duorum sermo- 5 num a falsitate ipsorum. et est ut dicamus quod motus existens in aliquo inuenitur in proprietatibus [illius] rei molae et non reperitur motus ille in alio speciei illius nisi in illo. tempus autem inuenitur in omni re secundum unam speciem uel modum unum, et non existit eius diuersitas per diuersi- 10 tatem rerum.

iam igitur manifestum est quod tempus non est motus, et quod mentiti sunt illi qui dixerunt quod tempus est ipse motus. et etiam quod uelocitas et tarditas quae sunt in motu non cognoscuntur nisi per tempus. et illud uero quoniam nominamus 15 [tarditatem uel] tardum quod in tempore prolixo mouetur et uelox [uel uelocitatem] quod in tempore breui mouetur.

temporis autem quidditas non cognoscitur nisi eo modo quem narro: et est ut dicatur quod instans comprehendit tempus quod praeteriit et quod est futurum. instans uero inter ea 20 existens non habet constitutionem, quoniam ipsum non manet ante meditationem nostram. hoc ergo instans non est tempus. sed cum meditatur in mente ad instans ponimus quod inter ea existit tempus. in hoc ergo est significatio quod tempus non est in aliquo, nisi prius et posterius: et non est nisi numerus. 25 tempus ergo est numerus numerans motum. eius autem

---

2 Sermo de tempore | *rot O fehlt A V³* 3 philosophi ; *fehlt O* enim |
fehlt A 4 et | *fehlt V³* non est motus | non motus est *V³.A* 5 itaque nos | nos itaque *V³* ueritatem | de ueritate *O* 6—7 a falsitate . . .
existens | *fehlt V³* aliquo | alio *A* [illius] | *fehlt OV³* 9 inuenitur |
reperitur *V³* 10 per | propter *O V'³* 12 igitur | ergo *O V'³* 14 quod |
quia *AO* non | et non *V³* 15 et | *fehlt A* illud | propter illud *OV'³* uero | ideo *OV³* 16 [tarditatem uel] | *fehlt A* quod | quia *A* mouetur |
fehlt V³ 17 uelox [uel | *fehlt A* quod | quia *A* mouetur | *fehlt V'³*
18 autem | uero *O* quidditas | quiditas *O* 19 quem | quo *OV³* 21 non
manet | remanet *A* 22 non | *fehlt A* 23 mente | instante *O* instantiis *V³*
24 est | non est *O fehlt AV³* significatio | signum *A* 25 est | *fehlt V³*
aliquo | aīo *A* 26 ergo | uero *O*

quod numeratur secundum grammaticos sunt duae species: aliud
numeratum discretum, aliud [est] numeratum continuum. tempus
uero non est ex numero discreto sed ex numero continuo. et
hacc quidem est definitio temporis, qua nominatur continuum.
5 et ipsa est:

instans meditatum quod [coniungit uel] continuat inter
praeteritum ex eo et inter futurum.

explicit.

---

1 quod | qui A   1—2 secundum . . . discretum | apud grecos aliud
numeratum discretum O illud est numerationi discretum secundum grammaticos Vª   2 est | fehlt A Vª   numeratum | numeratur Vª   ex numero |
numerus ex Vª   4 hacc | fehlt Vª   est | fehlt Vª   definitio temporis |
distinctio nominis O   6 instans | instantem O   meditatum | meditatur Vª
[coniungit uel] | fehlt A   8 explicit | explicit alchindus de V essentijs A explicit liber Alchindi phi de quinque essentijs (rot) Vª explicit . finis (rot) O

Liber introductorius in artem logicae demonstrationis, collectus a Mahometh discipulo Alquindi philosophi.

I.

In nomine piissimi et misericordissimi Dei.　　　　　　　　　5

Postquam iam locuti sumus de praedicabilibus quot sint species eorum et qualiter coniungantur sibi ad faciendum conclusiones, uolumus nunc ostendere quae sit argumentatio demonstratiua et quot species eius et qualiter sit ordinanda et quomodo sit utendum ea ad eliciendum conclusiones. sed prius 10 oportet ostendere quae sit intentio philosophorum in utendo argumentatione demonstratiua.

Scias ergo quod quamuis uiae scientiarum et cognitiones et perceptiones et sensibilitates sunt multae — sicut iam ostendimus de quibusdam earum in epistola de sensu et sensato et 15 de quibusdam earum in epistola de intellectu et intellecto et de quibusdam earum in epistola de generibus scientiarum — tamen uiae per quas ambulauerunt philosophi in illis disciplinis, in quibus sua inquisitio fuit de cognitione certitudinis rerum, comprehenduntur in quatuor speciebus, scilicet diuisione et resolu- 20 tione, definitione et demonstratione.

Opus est autem ut loquamur de unoquoque istorum et ostendamus qualiter est uia in illis et quod ea quae sciuntur,

1—3 rot N　　2 Mahometh | machomat N　　3 Alquindi | aliquindi V philosophi | philosoli N　　8 - 9 demonstratiua ; demonstratio (i demōstracō) N　　10 utendum | nt uō dū Am Rande, von späterer Hand: utendum N 11 oportet | fehlt N　　15 sensu | sensum (sn̄sū) V　　20 quatuor ! IĪIÍ VN und so immer　　21 definitione | diffinitione NV und so immer　　23 ea | illa N

sciuntur per illa et quare sint quatuor tantum, nec plures nec
pauciores. causa uero huius est haec:

Iam enim ostensum est in categoricis de uia diuisionis,
quod omnia ea quae sunt necessario uel sunt genus uel species
5 uel indiuidua. necesse est autem ut uia cognitionis uniuscuiusque sit alia ab alia. quod sic ostenditur:

Quoniam certitudo generum cognoscitur per diuisionem
eorum in species et specierum in indiuidua. sed per resolutio-
nem cognoscitur certitudo indiuiduorum, scilicet unde compo-
10 nitur unumquodque eorum et ex quibus est coniunctum. per
definitionem etiam cognoscitur certitudo specierum, scilicet cuius
generis sit unaquaeque earum et qua differentia discernatur ab alia
a se. per demonstrationem uero cognoscitur certitudo generum
quae sunt significata uniuersalia intelligibilia, sicut postea osten-
15 demus.

Prius autem uolumus ostendere hic uiam resolutionis,
postquam iam ostendimus uiam diuisionis in categoricis, et propter aliam causam etiam: quoniam uia resolutionis est propin-
quior intelligentiae introducendorum. est enim uia qua cognos-
20 citur certitudo indiuiduorum. indiuidua uero sunt res singulares
sensibiles, sicut iam ostendimus. uia autem definitionum et uia
demonstrationum sunt tenuiores et subtiliores, per quas non sciuntur nisi res insensibiles, scilicet species et genera.

Scias autem quod intentio de hoc, quod est indiuiduum,
25 est assignatio quod est collectio omnium coniuncta ex rebus diuersis uel composita ex multis partibus, solitaria et discreta ab
omnibus aliis a se. indiuidua autem sunt duobus modis. nam
quaedam sunt coniuncta ex partibus consimilibus, ut haec spica
et hic lapis et hoc lignum et alia his similia indiuidua, quorum
30 omnes partes sunt unius naturae. et quaedam sunt indiuidua
coniuncta ex partibus diuersarum substantiarum et alteratarum
accidentibus, sicut hoc corpus et haec arbor et haec ciuitas et

---

3 enim | uero N   categoricis cathegoricis SN *und so immer*   9 in-
diuiduorum | diuiduorum N   14 quae | secundum N   significata | signata
(ctificata sigta) N (sigta) V   14 · 15 ostendemus | ostendamus N   17 iam
ostendimus | ostendimus iam N   21 definitionum | diffinitionis N   27 quae-
dam | quidam N   haec spica | h· pspica N h' spica V

alia his similia, quae sunt coniuncta ex partibus diuersis. Cum igitur uolueris scire consuetudinem alicuius istorum indiuiduorum, considerabis prius ea, ex quibus est compositum, quid sunt; et inquires partes, ex quibus est coniunctum, quot sunt.

Scias enim quod res compositae multae sunt species, quas 5 non numerat nisi solus Deus gloriosus. sed tamen omnes comprehenduntur in tribus generibus, quoniam uel sunt corporalia naturalia, uel corporalia artificialia uel spiritalia spirantia. ponamus autem de unoquoque istorum unum exemplum, in quo considerentur cetera.   10

Indiuidua igitur corporalia naturalia sunt ut corpus hominis, quod est collectio coniuncta ex membris diuersis figuris, sicut est caput, manus, pectus et pedes et alia his similia. sed unumquodque istorum est etiam compositum ex partibus diuersis in substantiis et accidentibus, sicut sunt ossa, nerui, uenae, 15 caro et cutis et alia his similia. sed unumquodque istorum est etiam generatum ex quatuor humoribus. unusquisque uero humorum est complexionatus ex queilo. queilum est autem ex collatione ciborum. cibus uero est ex paruitate plantarum. plantae uero sunt ex subtilitate elementorum. elementa uero 20 sunt ex corpore absoluto cum proprietatibus quae sunt eis. corpus uero compositum est ex materia et forma. et haec sunt duo prima simplicia; sed corpus humanum est compositum ultimum; omnia uero alia sunt simplicia et composita secundum respectus.   25

Corporalia autem artificialia sunt ut ciuitas, de qua assignamus quod est collectio ex foris et uicis, quorum unumquodque est collectum ex mansionibus et domibus et tendis, et unumquodque istorum est compositum ex parietibus et tectis. sed

---

1 sunt | est *N*   5 enim | aliquando *N*   6 gloriosus | *fehlt N*   omnes | *fehlt N*   11 igitur | uo g̅ *V*   13 caput | capud *N V*   18 queilo | queilui *(unklar) N* queiluȝ *V*   queilum | queiilm *(unklar) N* queiluȝ *V*   19 paruitate | puitate *N* puĩtate *V*   20 plantae | plancte *V*   24 simplicia | sūpplicia *V*   25 respectus | coc' resptus *V*   26 ciuitas | cultus ciuitas *V*

unumquodque istorum est compositum ex terra et lapide et
latere et lignis et aliis consimilibus. haec autem omnia sunt
ex elementatis. elementata uero ex elementis. et elementa ex
corpore, et corpus ex hyle et forma.

5   Spiritalia uero spirantia sunt ut cantus qui est in numero
sonorum ordinatorum. sonus uero componitur ex tonis propor-
tionalibus et uersibus metricis. uersus uero componuntur ex
pedibus. sed pedes componuntur ex syllabis. unaquaeque autem syllabarum componitur ex litteris uocalibus et consonantibus.
10 nemo autem cognoscit hoc nisi qui nouit proportiones musicas.

Secundum autem haec exempla considerabis uiam resolutionis, quousque manifestatur tibi ex quibus sint coniuncta et composita ea, quae composita sunt. et tunc scies certitudinem
earum.

15   De uia autem definitionum intentio haec est, scilicet ut
cognoscamus certitudinem specierum. sed qualiter agendum sit
in ea ad hoc ut assignemus aliquam specierum, hoc est scilicet
ut inquiramus genus eius et numerum differentiarum eius et
coniungentur omnia propriis nominibus. uerbi gratia, sicut cum
20 in definiendo hominem dicitur quod est animal rationale. sed
si quaeritur quae est definitio animalis, dicetur quod est corpus
mobile sensibile. si uero quaeritur quae est definitio corporis,
dicetur quod est substantia lata, longa et profunda. si autem
quaeritur quae est definitio substantiae, dicetur quod non habet
25 definitionem sed descriptionem. quae est ut dicatur quod ens
est, stans per se, receptibilis contrariarum proprietatum. si
autem quaeritur quae sunt proprietates contrariae, dicetur quod
sunt accidentia quiescentia in substantiis, non sicut pars earum.
et secundum hoc considerabis uiam definitionum. sed iam feci-
30 mus de hoc epistolam.

De uia autem demonstrationum intentio quae quaeritur

---

3 elementata uero | non _N_   4 hyle | hile _VN_   5 qui | q _N_
6 sonorum | suorum _N_   tonis | thonis _NV_ (_V unklar_ ‚thonus‘ _oder_ ‚thoniis‘)
8 syllabis | sillabis (‚sill'is‘) _NV_ _und so immer_   9 litteris | Iris _N_ litt'is _V_
10 qui | q _N_   12 sint | sit _N_   13 ea | eo _N_   19 coniungentur | coniun-
getur _N_   23 lata, longa | lata longa lata (_Dittographie_) _VN_   25—26 ens
est | est ens _V_   28 quiescentia | _fehlt N_

est haec, scilicet cognitio formarum constituentium singularia inuenta. differentia uero inter ea et inter formas perficientes ea
est haec: quod omnes sunt proprietates eorum, et dispositiones
quae superueniunt eis, et illa sunt appropriata per illas. sed
sensus non discernit ea quoniam sunt submersa sub his pro- 5
prietatibus et cooperta eis. quapropter opus est speculatione
subtili et inquisitione sufficiente ad cognoscendum ea et ad dis-
cernendum inter ea et illa et ea quae comitantur ea et superueniunt eis per argumentationem et demonstrationem.

Scias autem quod plura ei de his, quae nouit homo, sunt 10
adquisita per argumentationem. sed iudicium argumentationis
aliquando est rectum, aliquando erroneum. ideo oportet ostendere quae sit causa huius, ad hoc ut caueas illud in utendo argumentationem. Prius autem dicam quod argumentatio est or-
dinatio propositionum, ex qua prouenit conclusio. 15

Scias autem quod propositiones argumentationis sumuntur
ex cognitis in principio intelligendi. sed principia illorum cogni-
torum sumuntur ex sensibus, sicut ostendimus in epistola de
sensu et sensato.

De hoc autem quod necessarium fuit homini uti argumen- 20
tatione ratio haec est: scilicet, quod sensus non apprehendunt
nisi singularia, composita ex substantiis simplicibus, quae sunt
in locis discretis, et accidentibus particularibus in substantiis discretis, quae sunt designata alia ab aliis. sed quantitates et
qualitates non possunt sciri recte nisi argumentationibus factis 25
de compositis. uerbi gratia, quamuis enim sciret homo aliquo
sensu quod aliqua ex corporibus sunt grauia uel multa uel
magna, tamen non potest scire quantitatem grauitatis eorum
nisi ponderando, nec multitudinem nisi numerando, nec magni-
tudinem nisi mensurando; et alia his similia. et haec omnia 30
sunt pondera et considerationes, per quas cognoscit homo quod
non potest scire per aestimationem.

1—2 inuenta | in uista *(unklar) N*   7 ea | eaq *N*   8 comitantur |
conmitantur *NV*   10 ci de | ex *V*   21 designata alia ɩ de signata aliam
N   qualitates | qualitates et quantitates *(Dittographie) VN. V unklar*:
ͧqͧlitates et qͧritatesʻ (?)

Scias autem quod error contingit in argumentatione tribus
modis. unus est cum id per quod mensuratur est iniustum,
scilicet maius vel minus. secundus est cum utens argumentatione est imperitus in utendo ea. tertium autem est cum id
5 per quod mensuratur est iustum *et* utens eo est peritus, *sed*
eius intentio est ad decipiendum.

II.

Per imperitiam autem utentis contingit error in argumentatione hoc modo:
10 Scias quod naturale est uti argumentatione a pueritia sua,
sicut naturale est ei uti sensibus. infans enim cum incipit discernere et considerare sensibilia et considerare parentes et cognoscit eos sensibiliter et discernit inter se et ipsos et incipit uti
opinionibus et aestimationibus, tunc si uiderit aliquem puerum
15 sibi consimilem et considerauit eum, sciet eum habere parentes,
quamuis non uiderit eos sensibiliter, consideratione sumpta ex
se. et hoc est argumentatio uera, in qua non est error, quoniam est attestatio quod uisio causati est stabilimentum causae.
si uero habuerit fratres, quos iam uiderit sensibiliter, incipit
20 tunc putare et aestimare quod ille alius puer similiter habet
fratres, secundum consuetudinem sui. sed in hac argumentatione
est error, et certitudo *eius est* quoniam uisio causati, quod sint
aliqui filii sui generis, non est testimonium stabiliendi causam
suam. similiter etiam, cum hic puer uidit mulierem uel uirum,
25 putabit et aestimabit eos habere filium, quamuis non uiderit eos
sensibiliter, secundum considerationem indicii suorum parentum.
sed iudicium suae considerationis aliquando est uerum, aliquando
est falsum, quoniam uisio filiorum generis causae testificatio est

---

2—3 iniustum, scilicet | iniustum est iustum sed utens eoq est peritus
et eius intentio est ad decipiendum scilicet *N*   4—5 id per quod | per id
quod *N* V *aber in* *V* *corrigiert* ,id per quod' *ron derselben Hand*   5 et | sed
N V   eo | eoq *N*   sed | et *N V*   10 argumentatione | h· argumentationes
N   11 opinionibus | oppinionibus *V*   et aestimationibus | *fehlt N*   pue-
rum | uirum *N* puerum *(corrigiert)* *V*   15 considerauerit | consid'auit *N*
sicut eum | *hinzugefügt V*, *fehlt N*   16 consideratione | considerare *N*

19 quos | q̊s quos *V*   22 eius est ! *fehlt N V*   generis | *hinzugefügt V*,
fehlt N   testimonium | testini *N*   27 suae | huius *V*

de stabilimento sui causati. et secundum hoc exemplum considerabis quod homo a pueritia sua cuiuscumque rei dispositionem inuenerit in se uel in suis parentibus uel in suis fratribus, putabit consimilem esse in aliis pueris et eorum parentibus et eorum fratribus, consideratione sumpta a se et a suis parentibus ⁵ et a suis fratribus. ita quod si acciderit sibi fames uel sitis uel denudatio uel acciderit sibi calor uel frigus uel comederit aliquid quod bene sapiat uel biberit aliquid quod bene sapiat uel induerit aliquid quod sibi non placeat, uel tristetur propter aliquid quod amiserit, uel gaudeat propter aliquid quod inuenerit, pro- ¹⁰ fecto, cum aliquid horum sibi contigerit, putabit quod iam tale contingit ceteris pueris, qui sunt filii sui generis. et secundum hoc exemplum current ceterae eius putationes et aestimationes in iudicando de sensibilibus, ita quod, si fuerit in domo suorum parentum pecus uel pannus uel aliquid huiusmodi uel puteus ¹⁵ aquae salsae, putabit et aestimabit quod in aliis domibus aliorum puerorum sit simile huic; sed postquam creuerit et intellexerit et considerauerit res sensibiliter et respexerit dispositiones aliorum singulorum, cognoscet certitudines eorum qui putabat et aestimabat in diebus pueritiae. et manifestabitur ei, unum post ²⁰ aliud, an certa fuerit eius aestimatio an erronea.

Scias igitur quod secundum hoc exemplum currunt etiam omnia iudicia intelligentium et eorum putationes et aestimationes in rebus ante inquisitionem et reuelationem ueritatis. plures enim ex hominibus cum uident in terra sua uentum uel pluuiam, ²⁵ uel calorem uel frigus, uel diem uel noctem, uel hiemem uel aestatem, putant et aestimant quod similiter sit in ceteris terris, secundum considerationem eius quod inuenitur in terra sua. sicut solebant putare, cum erant pueri, quod in domibus alio-

2 pueritia | paruitate N   6 itã quod | ita q NV   8 biberit . . .
uel | fehlt N   10 amiserit | ammisit V   inuenerit | inuenit V   12 filii
sui | sui filii N   14 sensibilibus | sensibilibus quod in aliis domibus (N)
in domo | in aliis in domo N   19 singulorum | singularum NV   eorum |
istorum eorum N   putabat | putabit corrigiert in ‚putabat‘ V   20 aesti-
mabat | extimabat NV und so immer   23 et | fehlt N   26 hiemem | iemem
V yemem N   27 sit in | sint N   29 erant ; ci (‚enim‘) N

rum hominum erat simile ei, quod erat in domibus suorum parentum, quousque, per experientiam, postea manifestetur eis certitudo *eius* quod putabant tunc uel falsitas, sicut praediximus
ante. sic currit etiam iudicium intelligentium hominum in suis
5 putationibus et suis aestimationibus de huiusmodi rebus, quas
diximus, ita quod cum considerauerit in scientiis disciplinalibus
et praecipue in scientia astrologiae, palam fit eis certitudo eorum quae putabant tunc, an sit uera uel falsa.

Scias autem quod paene nullus homo liberabitur ab huius-
10 modi opinionibus et aestimationibus, nec intelligentes nec scientes disciplinari nec sapientes philosophantes etiam. quod cum
ita sit, tunc non erit securitas, quin ceterae argumentationes
eorum procedant cum simili cursu. et hoc est quod signi*ficat*
debilititatem suae argumentationis et destructionem suae signifi-
15 cationis. inuenimus enim quod plures ex his qui putant se
scire philosophiam et intelligibilia et demonstrationes, putant et
aestimant quod terra tota in suo proprio loco sit grauis, etiam
consideratione grauitatis, quae est in qualibet istarum suarum
partium. similiter putant plures ex illis quod status eorum qui
20 sunt in alio opposito nobis terrae hemisphaerio transuersum est,
quemadmodum si quis staret sub superficie super quam alius
staret pedibus suis oppositis contra pedes eius. et similiter plures
putant extra mundum sit spatium infinitum plenum uel uacuum.
secundum quod inueniunt extra suas domos alia loca et extra
25 suas terras alias terras et extra suum mundum mundum caelorum. similiter etiam putant quod Deus, qui est benedictus,
creauit mundum in loco et tempore, secundum quod inueniunt
sua opera et sua artificia fieri in loco et tempore. et ob hanc
causam putauerunt plures ex illis quod Deus gloriosus est corpus,
30 eo quod inueniunt quod non est agens nisi corpus, sed Deus

3 putabant | putant N tunc i *fehlt* V 6 ita quod | ita q NV
8 uel | *unklar* N 9 nullus | ull's N 11 philosophantes | philosofantes N
13 significat : signat (.sigt) NV 16 philosophiam | ph'iä N ph'yam V *und
so immer*   19 partium | *fehlt* N, *wird aber am Rande notiert*   20 hemi-
sphaeria | emispio NV transuersum | trasuerum V 21 quis | aliquis V
23 sit | sicut N 29 putauerunt | putaueral V corpus | *fehlt* N

est agens. cum autem se exercuerint in scientiis diuinis, tunc
notum fit eis quod res e contrario est, sicut ostendimus in epi-
stolis diuinis.

Scias autem quod homo non ascendit gradatim ad aliquem
ordinem scientiarum et cogitationum nisi quia apparent ei ea, 5
quorum cognitionem habet ante manifestationem et detectionem,
sicut fuerunt opiniones eius in rebus sensibilibus ante cognitionem certitudinis earum, cum erat puer, sicut supra ostendimus.

Scias etiam quod comparatione scitorum, quae apprehendit
homo quinque sensibus, illud quod concluditur ex illis in primis 10
intellectibus multum est, sicut comparatione litterarum simplicium
sunt multa alia nomina quae componuntur ex illis. sed comparatio scitorum, quae sunt in primis intellectibus, ad illud, quod
concluditur ex illis per demonstrationes et syllogismos multarum
scientiarum, est sicut comparatio nominum ad orationes, quae 15
componuntur ex illis, et locutiones et linguas. probatio autem
de certitudine huius, quod dicimus, scilicet quod ea, quae sciuntur argumentatione, sunt plura numero quam ea, quae sunt prima
intellecta, est hoc: quod Euclides in unoquoque tractatu prae-
mittit decem nota uel plura uel pauciora, quae sunt prima in- 20
telligibilia, ex quibus conclusionibus elicit infinitas quaestiones
cognitas demonstratione. et similiter est in libro almagesti.
et in pluribus libris philosophiae est hoc iudicium.

Postquam autem iam ostendimus qualiter subintrat error
in argumentatione ex parte argumentantis, oportet nunc osten- 25
dere qualiter subintrat error ex parte argumentationis.

---

1 exercuerint | exercuerat N   2 sicut | fehlt N   4 homo non | n̄
homo non V   5 ei | ei q N   6 cognitionem | cogeōne N   detectionem |
detentionem N   14 demonstrationes | demonstrationem N   multarum |
am Rande, fehlt im Texte N   17 quae | quae nota uel plura N   18 ea |
fehlt N   prima | primo N V   19 unoquoque | utroque (eingeschoben) N
20 decem | fehlt N   quibus | qᵒ N quo V   prima | plura N   24 ror
‚Postquam': capitulum de ostendendo qualiter error incidit in sillogismum
(rot) N   25 parte | päte N

III.

Scias quod error qui incidit in argumentationem   ex hoc ipsa in se uitiosa est — multis modis est. et prolixum est ostendere. dictum enim est in libris logicae. unde nunc uolumus nominare hic conditiones argumentationis rectae tantum, ut eas obserues et eas solas assumas in argumentationibus et praetermittas ceteras argumentationes in quibus potest esse error et fallacia. quoniam ex argumentationibus quae aliquo modo fallunt et aliquo modo uerae sunt est argumentatio quae, secundum cursum usus regularis, est argumentatio de parte ad totum.

Scias autem quod argumentatio in qua non cadit error nec fallacia est illa in cuius compositione et usu seruantur conditiones quas praecepit Aristoteles discipulis suis, quae sunt haec: scilicet, ut in omni scientia et disciplina argumentabili accipias duas intentiones notas, quae sunt prima intelligibilia, scilicet an est et quid est. haec autem non praecepit Aristoteles nisi cum non est possibile sciri ignotum per ignotum [ei] nec ex ignoto potest haberi notum. necesse est igitur accipi aliqua ex his quae sunt nota et prima intelligibilia, et argumentari, et ex his reliquum quod quaeritur demonstrari.

prima autem intelligibilia duo sunt, scilicet esse rerum et earum quidditas. esse autem rerum adquiritur in animabus ministerio sensuum. sed quidditas earum adquiritur meditatione et consideratione et cogitatione, sicut ostendimus in epistola de sensu et sensato. cum autem adquiritur esse rerum in anima ministerio sensuum et earum quidditas meditatione et consideratione, tunc dicitur anima intelligens. sed cum consideraueris et

---

2 *ror* ‚Scias': capitulum de ostendendo qualiter error incidit in sillogismum et quo modo debet uitari *V*   qui | q̄ *N*   7 praetermittas | praemittit *N* praemittit *corrigiert in* ‚praetermittas' *V*   12 usu | usus *VN* (*in N hat eine spätere Hand das s durchstrichen*)   13 conditiones | cū d̄ ōs, *ron spiiterer Hand über der Zeile corrigiert in* ‚conditiones' *N*   Aristoteles | arses, *über der Zeile ron derselben späteren Hand* ‚Aristoteles' *gesetzt*   17 [ei] | *fehlt V*   18—19) accipi aliqua | aliqua hri accipi *N*   20 quaeritur | quare *N*   21 sunt | *fehlt N*   22 quidditas | quiditas *NV immer*   24 cogitatione | cognitione *NV*   in | *fehlt N*   25 rerum | utrū *N*   27 intelligens | *unklar V*

nolueris scire quid est intellectus humanus: non est aliud nisi
anima humana, quae fit sciens in effectu, postquam fuit antea
sciens in potentia. non fit autem sciens in effectu nisi postquam adquisitae sunt in ea formae esse rerum ministerio sensuum et forma quidditatis earum per meditationem et conside- 5
rationem. scias igitur quod semper scientia horum duorum,
scilicet an est et quid est, inititur tota fabrica scientiarum de-
monstratinarum. uerbi gratia: in principio primi libri Euclidis
ponuntur nouem nota — quae sunt prima intelligibilia, quibus
mediantibus probantur ceterae quaestiones — quae sunt haec: 10
(1) quaecumque aequalia eidem, et inter se.
(2) si aequalibus aequalia addantur, tota quoque aequalia fiunt.
(3) si de aequalibus aequalia dirimantur, quae remanent
aequalia sunt. 15
(4) si inaequalibus aequalia addantur, tota quoque inaequalia fiunt.
(5) si de inaequalibus aequalia tollantur, quae remanent
quoque inaequalia erunt.
(6) dupla eiusdem rei aequalia sunt. 20
(7) dimidia eiusdem rei aequalia sunt.
(8) quaecumque quantitates sibi superpositae non se exce-
dunt, aequales sunt. etiam:
(9) totum maius est sua parte.
haec autem omnia iudicia sumpta sunt ex his quae sunt 25
nota primis intellectibus aequaliter; et intelligentes non differunt in aliquo illorum, sed id in quo differunt est id quod
consideratur secundum ea.
Scias autem quod haec et his similia uocantur prima intellecta, eo quod omnes intelligentes noscunt ea; nec differunt 30
in eis, cum considerauerint ea, multum speculantes ea. non est
autem differentia inter intelligentes nisi in his quae sciuntur
probationibus et argumentationibus. causa uero differentiae illorum in illis non est nisi multitudo maneriarum argumentatio-

---

7 inititur | unklar N (,,innitur" ?)   22 superpositae | supposite (statt
supposite) N superpositione V   25 autem | fehlt V   27 in aliquo . . .
differunt | fehlt N (Homoioteleuton)   31 speculantes | speculātes N

4 *

num et qualitates utendi eis. cuius rei expositio prolixa est,
quae iam dicta est in libris logicae et topicae. uolo tamen
ostendere quo modo adquiritur certitudo istarum per se notarum
in animabus intelligentium ea.

5   Scias enim quod haec nota, quae uocantur prima intellecta,
non adquiruntur in animabus intelligentium nisi per inductionem
rerum sensibilium unius post aliam et post considerationem
unius partis post aliam et per meditationem unius indiuidui post
aliud. cum enim ex his fuerint plura indiuidua contenta sub
10 una proprietate, adquiretur in animabus hominum, secundum
hunc respectum, quod quidquid fuerit generis illius indiuidui,
uel generis illius partis, est hoc iudicium illius, quamuis non uiderint partes omnes illius generis nec omnia indiuidua illius
speciei.

15   uerbi gratia, puer adultus cum inceperit aspicere et considerare singula animalia unum post aliud et inuenerit quod omnia sentiunt et mouentur, cognoscit quod quidquid est sui generis, est quoque hoc iudicium eius. similiter cum considerauerit
unamquamque partium aquae et inuenerit eam humidam, liquidam,
20 et unamquamque partium ignis inuenerit calidam, adurentem, et
unumquemque lapidem inuenerit durum et siccum, scitur tunc
quod omne quod fuerit illius generis, est hoc iudicium eius.
secundum igitur hunc respectum adquiruntur nota in principio
intelligendi ministerio sensuum.

25   Scias autem quod ordo intelligentium in huiusmodi rebus,
quae adquiruntur in anima ministerio sensuum, est excedens in
gradibus. scilicet quia omnis qui fuerit in illis uehementior in
speculando et fuerit melioris meditationis et subtilioris ingenii
et perspicacioris, ea quae sciuntur ex principiis intellectuum
30 plura erunt in anima illius quam in anima eius, qui in tota uita
sua est negligens, occupatus circa cibos et potus et cantilenas
et delectationes corporales.

1 qualitates | qualitas V 7 aliam | altera N 9 his | eis V 10
adquiretur | acquiritur N 11 quidquid | quicquid $N V$ *und so immer*   15
inceperit | inceperint N 19 aquae | *fehlt* N 21 scitur | scit N 23 igi-
tur hunc | hunc igitur V 26 in | $\bar{\tau}$ *in* $\bar{\imath}$ *abgeändert* N

Scias etiam quod plerumque error accidit considerationibus
certitudinum rerum sensibilium, cum iudicauerint de certitudine
earum uno sensu. uerbi gratia, sicut qui uidet asarab, et si
bene considerat, putat esse stagna et flumina. sed hic error
non subintrat in eum, nisi qui iudicauit de certitudine eius uno 5
sensu. non enim cognoscitur certitudo omnis rei uno sensu;
scilicet, quoniam sensus uisus non apprehendit nisi colores et
figuras. certitudo uero aquae non cognoscitur colore et tactu,
sed gustu. plurium etiam corporum liquidorum color uidetur
esse color aquae, sicut acetum sublimatum et neptae album 10
sublimatum et alia huiusmodi.

Scias etiam quod unumquodque genus sensibilium habet
proprium, quo cognoscitur certitudo illius generis. sicut differentia quorundam liquidorum corporum dignoscitur tactu et quorundam differentia dignoscitur gustu, sed colores eorum dignos- 15
cuntur uisu. unde non oportet consideratorem iudicare de certitudine aliquorum sensibilium nisi per sensum illum qui pro-
prius est ad cognoscendum certitudinem generis illorum sensibilium, sicut ostendimus in epistola de sensu et sensato.

Redeamus igitur ad id in quo eramus. 20

Quod enim dixit Aristoteles debere poni in argumentatione demonstratiua primum rem, cuius anitas et quidditas sint
nota, ut per eam sciatur aliud, est sicut hoc quod facit geo-
meter cum ponit lineam $\overline{ab}$ et postea facit super eam triangulum aequilaterum, uel diuidit eam in duo aequalia, aut ponit 25
super eam aliam perpendicularem, uel facit super eam alium angu-
lum, et cetera, quae dicuntur in libro Euclidis et in aliis libris
geometriae. igitur notum an est et quid est lineam $\overline{ab}$, et quaesitum ignotum, ut sciat uel faciat, id est triangulum uel aliquod
aliorum. sic oportet etiam fieri in argumentatione demonstra- 30
tiua, ut primum accipiantur aliqua, quae sint nota primis intellectibus et componantur sic ut adquirantur per ea res igno-

---

2 iudicauerint | iudicauerit V 3 asarab | acarab V a canibus (!) N
14 liquidorum corporum | corporum liquidorum V dignoscitur | cognosci-
tur N 15 sed | scilicet N considerationem N 22 sint | sit N 26 per-
pendicularem | ple̅ diculare̅ N 28 quid | q N 29 id | i^dN illd' V

tae, quae non apprehenduntur sensibus nec sciuntur primis
intellectibus.

Quod autem dixit non oportere in demonstratione aliquid
esse causam sibi ipsi, hoc est manifestum primis intellectibus,
5 scilicet quia id quod est causatum non est causa sibi ipsi. sed
plures, qui praesumunt de demonstratione, aliquo modo causatum ponunt causam sibi ipsi, nec percipiunt hoc propter prolixi-
tatem sermonis. uerbi gratia, qui praesumit de scientia naturalium, cum interrogatur quae est causa pluuiarum in aliquo anno,
10 dicet quod multitudo nubium. si uero interrogatur quae est
causa multitudinis nubium, respondebit quod multitudo uaporum,
qui eleuantur ex mari et stagnis in aërem. si uero interrogatur
quae est causa eleuationis uaporum, dicet uel putabit quod
multitudo accessionum maris et decursus aquarum ex fluminibus
15 et currentibus ad maria. si autem interrogatur quae est causa
huius, respondebit quod multitudo pluuiarum. secundum hanc
igitur considerationem sequitur: causa multitudinis pluuiarum
est multitudo pluuiarum.

et ideo opus est doceri ut dicat quod una ex causis est
20 talis uel talis, et similiter de secunda et de tertia et de quarta,
et sic declinet oppositionem, eo quod potest esse ut nubes sint
multae et pluuiae paucae. unaquaeque enim res causata habet
quatuor causas, sicut iam ostendimus in epistola de causis et
causatis.

25 Et quod dixit quod causatum non est prius quam causa,
et hoc manifestum est primis intellectibus. causatum enim non
potest prius esse quam causa ob hoc: scilicet, quod sunt de
genere relatiuorum. quae autem sunt de genere relatiuorum, non
sunt nisi simul quantum ad sensum, si habuerint esse, et
30 quamuis causa sit prior causato intellectu, adeo quod aliquando
dubium erit discerni causam a causato. uerbi gratia, si quis

6 de | fehlt N eingeschoben V   8 praesumit | praesumunt N   zu 9
am Rande: quae sit causa pluuiae N   20 quarta | quinta V   27 quod | ut
N   29 et | fehlt V

praesumens de scientia astrologiae interrogatur quae est causa
longitudinis diei in una terra potius quam in alia, dicet demoratio solis in tempore longiore. si autem conuerterit hanc pro-
positionem et dixerit: igitur in quacumque terra sol diutius mo-
retur, dies ibi longior est, et erit hoc certum. sed pluribus, qui ⁵
non sunt instructi, discipulis incertum est, quid illorum sit causa
alterius, an demoratio solis super terram sit causa longitudinis
diei, uel longitudo diei sit causa demorationis solis super terram.

Similiter est in igne et fumo. aliquando enim erunt simul
et aliquando unum inuenitur prius altero. aliquando enim fu- ¹⁰
mus praestat ignem et aliquando ignis ponitur causa essendi
fumum. et tunc nescitur quid illorum sit causa alterius. scias
autem quod fumus et ignis unum non est causa alterius. causa
enim uirtutis utriusque materialis sunt corpora combustibilia et
eorum causa agens est calor. sed differunt in forma. calor ¹⁵
enim cum agit in corporibus combustibilibus aliqua actione,
fit ignis. si uero debilis fuerit in actione propter humiditatem,
fiet fumus uel uapor.

Quod autem dixit ut non ponantur in argumentatione accidentia inseparabilia, non dixit hoc nisi quia accidentia insepa- ²⁰
rabilia non separantur a rebus quibus sunt accidentia, sicut
causa non separatur a suo causato. scilicet, quoniam si iudica-
ueris de aliquo, quod est causatum, necessario tunc causam habebit; accidentia uero comitantia, quamuis non separantur, non
sunt tamen causa agens. uerbi gratia, quoniam mors quamuis ²⁵
non separatur ab occisione, tamen non est causa eius, nec
occisio etiam est essentialis causa mortis; eo quod multotiens
est mors sine occisione. non est autem causa sine causato.

1 praesumens | ps̄ vivens (!) N   zu 1—3 Randglosse: quare in una
terra est longior dies quam in alia N   2 terra potius quam | q̄m p̄o⁰ q̄m
N   2—3 demoratio | d'mōstratio V   3 conuerterit | conmittit N ausradiert
und dafür ‚conuerterit' gesetzt V   5 qui | q N   7 demoratio | demon-
stratio N   zu 11—12 Randglosse: utrum fumus et ignis sunt simul N
12 alterius | unklar N   14 uirtutis | fehlt V   combustibilia | conuertibilia
N V   15 forma | causa forma V   16 combustibilibus | conuertibilibus N V
actione | fehlt N   18 fiet | erit (unklar) N   20 inseparabilia | insepara-
bil' ia N   26 nec | sic N   27 essentialis | bis N

Quod autem dixit quod causa sit essentialis rei, non est
nisi quia rei aliquo modo sunt causae multae accidentales. sed
non currunt per omnes species illius generis, nec per omnia indiuidua speciei, sicut occisio quae est causa accidentalis morti
5 non currens per omnes species eius. sed necesse est esse causam essentialem, ad hoc ut propositio iudicans sit uera ante
conuersionem et post, sicut si dixeris: omne habens colorem
est corpus, eo quod nihil inuenitur habens colorem quod non
sit corpus. igitur corpus est causa essentialis habenti colorem.

10 Quod autem dixit quod propositio sit uniuersalis, est
propter hoc quod conclusiones ex propositionibus particularibus
non sunt necessariae sed possibiles. sicut si dixeris: Iohannes
est scriba, et quidam scriba est iudex, igitur possibile est ut
Iohannes sit iudex. sed cum dixeris quod omnis scriba legit,
15 sed Iohannes est scriba, tunc necessario Iohannes erit legens.

Quod autem dixit quod praedicatus sit primo in subiecto,
est propter hoc quod praedicata sunt in subiecto duobus modis:
quaedam primo, quaedam secundario. uerbi gratia, esse tres
angulos in omni triangulo est esse primo, eo quod haec est
20 forma constituens eum. sed quod sint anguli acuti uel recti uel
amplius, hoc est esse secundario. iam igitur manifestum est,
quod non accipit in argumentatione demonstratiua nisi proprietates assentiales substantiales, quae sunt formae constituentes
rem. et per eas illud iudicium quaesitum, quod exibit conclu-
25 sione, erit certum.

Scias autem quod proprietates essentiales diuiduntur in tres,
scilicet generales, speciales, indiuiduales, sicut iam ostendimus in
epistola isagogarum. dico autem et sine dubio iudico quod omnis
proprietas generalis uera est necessario, cum dicitur de toto illo ge-
30 nere. similiter omnis proprietas specialis uera est necessario, cum dicitur de omnibus indiuiduis illius speciei. et hae sunt proprietates
quae exeunt in conclusione uerae et certae. exerce igitur eas
in demonstratione et iudica per eas. proprietates autem indiui-

---

7 sicut | sic *N*   10 sit | e̱st *N* (fit)   11 propositionibus | opinionibus *N*
13 iudex | ī dex *N*   14 dixeris | dixerit *N V*   16 sit primo | primo sit *V*
17 est | fehlt *N*   subiecto | subiectis *V*   22 nisi | nec *N* nec *in* n *geän-*
dert V   28 isagogarum | ysagogarum *N V*   et | quod *N*

duales non est necesse ueras esse de tota specie. nec omnis
proprietas specialis uera est de toto genere. unde non exerceas
eas in demonstratione, nec iudices per eas absolute, quoniam
non eris per eas certus in iudicando.

Iam igitur manifestum est tibi quod sapientes et philoso- 5
phantes non posuerunt argumentationem demonstratiuam nisi ut
per eam scirentur ea quae non sciuntur nisi per syllogismum.
et haec sunt ea quae non possunt sciri per sensum, nec sunt
de primis intellectibus, nisi secundum uiam designationis. et
hoc est quod uocatur demonstratio.   10

Scias autem quod unaquaeque ars habet opificem suum.
et unusquisque opifex cuiusque artis in' ministerio suo habet radices, in quibus conueniunt, et habet prima in sua scientia, in
quibus non differunt. prima enim uniuscuiusque artis sumpta
sunt ab alia arte, quae praecedit eam. et scias quod prima 15
artis demonstratiuae sumuntur ex his quae sunt primi intellectus. primorum autem intellectuum principia sumuntur a
sensibus, sicut praediximus.

Scias etiam quod artis demonstratiuae sunt duae species,
scilicet geometria et logica. prima autem quae sunt in geome- 20
tria sumuntur ex alia arte quae est prior illa, sicut ea quae
dixit Euclides: punctus est cui pars non est. et linea est longitudo sine latitudine. superficies est quae habet longitudinem
et latitudinem, et alia his similia de axiomatibus, quae praemittuntur in principiis suorum tractatuum. similiter etiam est 25
iudicium de demonstrationibus logicis. quoniam eius principia
sumpta sunt ex alia arte, quae est prior ea, quae necessarium
est praeponere discipulis ante demonstrationem. quale est illud,
quod dicitur: quod omne quod est, excepto Deo glorioso, est
substantia uel accidens. et quod substantia est id quod est 30

---

                                          i
    1 nec omnis | nec ōs ppetates omnis *N*   5 sapientes et | *fehlt N*
7 eam | ea *N*   syllogismum | sillogismus *N V*   11 autem | *fehlt N*   *zu*
11 – 12 *Randglosse:* quod unaquaeque ars habet suum opificem *N*   16 sunt ¦
sumūt² s̄t *V*   18 sensibus | sensibl'ib₃ *V*   20 geometria | arte geometrica

V   zu 22 – 24 *Randglosse:* diffinitio punctus et lineae et superficiei *N*   23
sine latitudine | siue latitudo *N*   24 axiomatibus | anxiomatibus *N V*

existens per se, receptibile contrariorum. et quod accidens est
quod est in aliquo, non sicut pars eius, et destruitur absque
destructione illius. et quod substantia alia est simplex, sicut
hyle et forma, alia est composita, ut corpus. et quod omnis
5 substantia uel est causa agens uel causatum patiens. et quod
causa agens dignior est suo causato patiente. et quod inter af-
firmationem et negationem non est medium, nec inter priuationem et esse est medium. et quod accidens non habet actionem.
et alia his similia, quae praemittuntur discipulis ante demon-
10 strationes.

Ille autem qui uult scire demonstrationes logicas oportet
ut sit demoratus in exercitationibus geometricis et ut iam acceperit ex eis regulas, eo quod sint proximiores discipulis ad intelligendum et faciliores ad speculandum, quoniam exempla co-
15 rum sunt sensibilia et uisibilia uisu, quamuis intentiones eorum
sint audibiles, intelligibiles. sensibilia enim sunt propinquiora
intellectui discipulorum.

Scias etiam quod demonstrationes, siue sint geometriae
siue logicae, non fiunt nisi ex conclusionibus certis. uni autem
20 conclusioni necessariae sunt duae propositiones certae uel plures
quotlibet. uerbi gratia, id quod in libro Euclidis demonstratur,
quod tres anguli cuiusque trianguli rectilinei sunt aequales duobus rectis, non potuit probari nisi *post* triginta duas figuras.
quod quadratus cordae anguli recti aequalis est quadratis duo-
25 rum laterum, non potuit demonstrari nisi post quadraginta sex
figuras. et secundum hoc exemplum est in aliis quae probantur.
similiter etiam est iudicium de demonstrationibus logicis, quia
aliquando sufficiunt duae propositiones, aliquando plures. uerbi
gratia in demonstratione, qua probatur animam esse in corpore,
30 sufficiunt tres propositiones, quae sunt hae: (1) omne corpus
habet partes [scilicet plagas]. et haec propositio est uniuersalis

---

1—2 est quod | quod est *N*   11 Ille | eum *NV*   18 sint | fuit *N*
i⁹
21 id | ita *N*   23 post | p (*d. h.* prius) *N*   28 aliquando | alīn *N*   31
habet | quod habet *N*. *Das* quod *ist in V durchstrichen*

affirmatiua certa in principio intellectuum. item alia est haec :
(2) nullum corpus potest moueri ad omnes partes suas simul.
et haec est propositio uniuersalis negatiua certa in principio intellectus. tertia est haec: (3) omne corpus quod mouetur ad
quamlibet partem est ex aliqua causa mouente illud. et haec 5
est propositio uniuersalis affirmatiua certa in principio intellectus.
concluditur igitur ex his propositionibus animam esse in corpore. restabat quidem demonstrari, scilicet, quod est substantia,
non accidens. adiungitur autem ·ad has propositiones praece-
dentes haec alia, scilicet: (4) motus omnis causae quae mouet 10
corpus necessario uel est uno modo, ad unam partem, sicut
motus grauium deorsum et motus leuium sursum, et haec causa
uocatur naturalis; uel est eius motus ad partes diuersas et
modis diuersis, per uoluntatem et electionem, sicut motus animalis, et uocatur uoluntarius uel animalis. et haec diuisio est 15
intelligibilis, apprehensa sensu. omne igitur quod mouet corpus
uoluntate et electione est substantia, quoniam accidens non habet actionem. et hae propositiones sunt receptibiles in principio
intellectuum. et concluditur quod anima est substantia.

IV.   20

[Capitulum] qualiter demonstratur quod in mundo non est
inanitas.

Sensus autem de inanitate est hic, quod est locus uacuus.
nullus autem locus est in mundo qui sit nec lucidus nec tene-
brosus. et haec est propositio uniuersalis negatiua certa in 25
principio intellectus. item alia: necesse est autem ut lux et te-
nebrae uel utrumque sit substantia, uel utrumque accidens, uel
alterum substantia et alterum accidens. et hae diuisiones sunt
intelligibiles uerae. item alia propositio: si autem utrumque
fuerit substantia, tunc inanitas non erit. si uero utrumque fue- 30

---

　　　　　　　　　　　　　　　　　u　　o2)
      1 certa in principio intellectuum | cc pu̅ intllcũs (circa principiorum
intellectus) N   3—4 certa in principio intellectus | circa principium intelli-
gentiae N   7—8 corpori | coī N   8 quod restaui N   demonstrari |
declarari demonstrari N   15 diuisio | diuersio N   16 sensu | sensui N
18 propositiones | oppositiones N   21—22 | rot N und am Rande, von spä-
terer Hand: Demonstratio quod in mundo non sit inane   22 inanitas | in-
hanitas V und so immer   24 qui | quod N
c

rit accidens, accidens autem non est nisi in substantia, tunc inanitas non erit. si autem unum fuerit substantia et alterum accidens, similiter erit iudicium.

[Demonstratio quod extra mundum nec est inanitas nec
₅ plenum.]
Item demonstratio quod extra mundum nec est aliquid inane nec plenum. scias autem quod inanitas et plenitudo sunt proprietates loci. locus uero est una de proprietatibus [totius] corporis. si autem fuerit extra caelum aliquod corpus, nos au-
₁₀ tem in hoc quod dicimus mundum, non intelligimus nisi illud corpus cum hac tota uniuersitate, tunc quomodo extra mundum erit aliquod aliud?

[Capitulum] de hoc quod sapientes dicunt [aliud] quod mundus uel est antiquus uel est nouicius.
₁₅ Sed si per antiquum intelligunt longitudinem temporis, tunc uerum est quod dicunt. si uero intelligunt quod non cessauit esse stabilis in sua identitate, qua ipse est modo, tunc non est uerum. mundus enim non est stabilis in sua identitate in una dispositione uno ictu oculi. tunc multo minus cessauit
₂₀ secundum quod ipse est modo. item in eo quod sapientes nominant mundum non intelligunt nisi mundum corporeum, qui est duarum specierum, scilicet caelestis et naturalis. corporum autem, quae sunt sub circulo lunae, sunt duae species. una est elementa generalia et alia generata singularia. generata uero
₂₅ semper sunt in generatione et corruptione; sed elementa generalia sunt semper in uarietate et alteratione. hoc autem manifestum est speculatoribus naturalium. corpora uero caelestia sunt semper in motu et permutatione secundum distantias. ubi igitur erit stabilitas eius secundum unam dispositionem?
₃₀ Si autem per stabilitatem intelligunt formam et figuram sphaericam, quae est ei in omnibus horis, sciant tum quod fi-

---

1 in | fehlt N eingeschoben V   2 inanitas | inhanitas VN   4—5 |
Randglosse von späterer Hand N fehlt V   8 [totius] | tocius N fehlt V
12 aliquod | fehlt N von späterer Hand eingeschoben V   14 nouicius | nouus
N   13 aliud | durchstrichen V   17 identitate | idemptitate V   18 iden-
titate | ydemptitate N idemptitate V   22 est | est species N   31 sphaeri-
cam | spica NV und so immer

gura sphaerica et motus circularis non sunt in corpore ex hoc
quod est corpus, nec sunt constituentia suam essentiam. sed
sunt duae formae perfectiuae, ex intentione intendentis, sicut
ostendimus in epistola de hyle et forma. omnis autem forma
quae est in formato ex intentione intendentis non est stabilis 5
identitatis nec *sempiterni* esse. non enim est stabilis identitatis
et sempiterni esse, nisi per formam constituentem.

Scias etiam quod conseruator mundi in hac forma est uelocitas motus caeli circumdantis. motor uero caeli alius est a
caelo. quies quoque motus caeli non erit nisi in ictu oculi, si- 10
cut scriptum est: quod dies iudicii erit in ictu oculi, uel si
minus potest dici. Scias autem quod si caelum cessaret reuolui,
cessarent planetae a suo cursu, et signa cessarent ab oriendo et
occidendo, et destrueretur forma mundi et eius existentia et fie-
ret dies iudicii magna. hoc autem sine dubio esse debet. quidquid 15
enim est possibile, si positum fuerit tempus finitum, necesse est
ut exeat ad effectum. caelum autem cessare a reuolutione possibile est. res enim quae mouet illud potest facere ut cesset,
quod est ei facilius. nam ei est potestas inclinandi illud ad
quam partem uoluerit. sed iam ostendimus in epistola de principiis 20
quae sunt causae initii mundi corporum, et in epistola de
reuolutione ostendimus quae est causa permanentiae corporum.

V.

Scias etiam quod homo cum ambulauerit secundum intentionem suae animae rationalis et dispositiones eius ad modum, 25
quo processit in creatione sui corporis et suae formae, pertinget
ad ultimum humanitatis et uicinabitur ordini angelorum et ap-
propinquabit ad deum suum gloriosum et excelsum et retribue-
tur ei talis retributio, quae dici non potest. id autem secundum
quod processit in creatione sui corporis hoc est: ipse enim 30
incepit ex spermate, aqua scilicet uili, et deinde coagulatus est

---

6 sempiterni | septū (scriptum) NV nec ... identitatis | *durchstri-*
chen V 15 quidquid | quod quidam N quicquid V 16 enim est | "est "enim
N 17 reuolutione | resolutione N 19 potestas | potās NV 20 partem |
pacem (!) N 20—21 de principiis ... in epistola | *fehlt N, am Rande*
nachgetragen V 24 ambulauerit | ablauerit N 31 incepit | incipit N cepit
mit vorgesetztem ,in' *über der Zeile* V

in matrice, et postea fuit quoddam uiscosum. deinde fuit for-
matus. deinde fuit animal mobile et sensibile. postea puer intelligens. postea adolescens exercitabilis, fortis. postea senex
expertus, cognitor, sapiens. deinde decrepitus, annosus, sapiens,
5 philosophus. et post mortem fit anima angeli caelestis spiritualis,
sempiterni esse. delectabilis gaudere semper.

Scias autem quod sicut tu non comitaris ad aliquem istorum ordinum, nisi quia prius exspoliaris ab aliquibus accidentibus et proprietatibus imperfectis et deinde nestiris aliis meliori-
10 bus et nobilioribus illis: similiter oportet ut, ad quemcumque
gradum cognitionum et scientiarum te erexeris, exspolies animam
tuam a moribus et consuetudinibus et sententiis et operibus, in
quibus te exercueras a pueritia inscienter, quousque separeris a
forma humana et induaris forma angelica, ut sic possis conscendere
15 ad regnum caelorum et ad latitudinem mundi caelorum, ubi re-
tribuetur retributio ineffabilis et uiues uita felici cum filiis tui
generis, qui praecesserunt te ad illa, scilicet sapientes et sancti
et prophetae.

Scias etiam quod ita naturale est homini uti argumenta-
20 tione et consideratione, sicut naturale est ei uti sensibus, sicut
supra diximus. regulae autem argumentationum sunt diuersae,
sicut ostensum est in libris logicae et conditionibus topicae prolixa ostensione. aliquas tamen ex illis dicemus hic ut sint
exemplum ceterorum.

25   Pueri enim pro regulis suarum argumentationum ponunt
dispositiones suarum animarum et suorum parentum et suorum

---

1 quoddam | qddā *V*   4 annosus sapiens | sapiens annosus *N* sa-
piens" annosus" *V*   5 post : per V   spiritualis | spiialis *(unklar) N*
spiäl' *V*   6 sempiterni | sempiterna *N*   gaudere | gauderes *V*   7 sicut |
sic *N*   ad aliquem | *fehlt N*   8 exspoliaris | expoliatis *N V*   14 ut |
fehlt N   conscendere ' conscedere *V*   15 ubi | nisi *N* (n *für* u)   16–17
cum ... generis | *am Rande nachgetragen N*   17 qui | quod *N*   19 naturale |
natale *N*   uti | *das* i *fehlt in N und in V ist von späterer Hand beigefügt*
20 uti ' ut nti *N*   21 supra | snsibz sup *V*   *zu* 23 *Randglosse:* a pueritia
secundum ymi dation̄ *(für* imitationem) *V*   19 tamen ' tnc *(für* tm̄ = tan-
tum?) *N*   ut | wegradirt *N*   sint : sit *N*

fratrum. et id quod solent facere in rebus et quod inueniunt in suis domibus de rebus, ponunt indices ceterarum dispositionum aliorum puerorum, quamuis non uiderint ea. et hoc secundum considerationem dispositionum, quas sciunt de se ipsis.

Adulti uero regulas suarum argumentationum ponunt ea, 5 quae nouerunt suis exercitiis de rebus et de dispositionibus earum, quas experti sunt. et sunt eis radices ad id quod considerant de aliis rebus, quas non uiderunt nec experti sunt.

Sapientes uero, qui praesumunt de scientia topicae et subtilitate speculationis, regulas suarum argumentationum ponunt 10 id, in quo conueniunt illi et sui aduersarii. et haec sunt radices et propositiones, per quas considerant id in quo dissident siue [illud] in quo conueniunt, sit uerum siue falsum, siue certum siue erroneum.

Sed exercitati in demonstrationibus geometricis regulas 15 suarum argumentationum ponunt ea quae sunt in primis intellectibus. et haec sunt radices et propositiones, ex quarum conclusionibus eliciunt alia nota, quae nec sunt sensibilia nec nota primis intellectibus, sed sunt adquisita demonstrationibus necessariis. deinde ipsa tota adquisita ponunt propositiones, ex qua- 20 rum conclusionibus eliciunt alia nota, quae sunt subtiliora quam ea, quae fuerunt prius. et sic faciunt semper in tota uita sua.

Scias etiam quod de animalibus quaedam habent unum sensum, quaedam duos, quaedam tres, quaedam quatuor, quaedam quinque integros. scias etiam quod esse animalis in quo 25 fuerit plurimum sensuum, habebit plura sensata. homo uero habet hos quinque sensus plenarie. sed qui ex hominibus fuerit perspicacior circa sua sensata et magis considerans dispositiones eorum, ea quae sunt nota primis intellectibus erunt in eo plura; et qui fuerit huiusmodi ut hic prius nota ponat propositiones, 30 et ex eis eliciat conclusiones et nota demonstratiua, erunt in

---

2—3 de rebus . . . puerorum | *bis* N   5 regulas | regulares

N V   6 nouerunt | noulat, *am Rande:* nouerint *(unklar)* N   13 [illud] | *fehlt* V   plurimum | p̄mū pluriū V pl'ium N   qui | quo N   ex | est ex N   29 primis | tribus N

eius anima plura. in quo fuerint plura nota, ipse erit similior angelis et uicinior Deo suo.

Scias quod homo sapiens cum diligenter speculatus fuerit sensibilia et considerauerit dispositiones eorum meditatione sua, 5 et discreuerit ea sua consideratione, multiplicabuntur nota intelligibilia prima in anima eius. cum autem exercuerit haec nota in argumentationibus et eduxerit ex eis conclusiones, tunc tota demonstratiua multiplicabitur in eius anima. omnis autem anima in qua multiplicantur nota prima eius cum demonstratiua, con-10 fortatur ad imaginandum formas spirituales, quae sunt spoliatae ab hyle. et tunc assimilatur eis, et fit in potentia talis qualia ipsa sunt. cum autem in morte separatur a corpore, fit in effectu quales sunt ipsae et occupabitur circa se et euadet a gehenna, scilicet a mundo generationis et corruptionis, et intrat 15 paradisum, qui est saeculum animarum.

Rogo igitur semper ut studeas inquirere scientias diuinas et adquiras mores angelicos et ante mortem facias opera munda et bona. et per hoc eleuaberis ad regnum caelorum et ad latitudinem *mundi caelorum* et ingreditur anima tua munda spiritualis 20 [ad] paradisum, qui est saeculum animarum. Deus te adiuuet semper ad cognoscendam ueritatem et ad faciendam bonitatem.

[Completa est epistola. Deo gratias.]

---

1 fuerint | fuerunt *N*   4 dispositiones | dispositionem *N*   5 ea | illa *N*   8 omnis autem anima | *fehlt N, am Rande nachgetragen V*   9 prima | intll'gibilia p̄na ī aīa *V* prima in anima *N*   10 imaginandum | ymaginandū *N V* spoliatae | expoliate *N V*   11 hyle | yle hyle *N*   15 qui | quod *N*   16 scientias | scl'as *(für* scīas) *N*   17 mundi caelorum | circulorum *V* cauorū *(unklar) N*   20 [ad] | *fehlt V*   22 | roth *N*

Anmerkungen.

(Bloße Zahlen bedeuten Seite und Zeile des vorliegenden Buches.)

1, 19: *demonstrativum.* Die Varianten fließen wahrscheinlich aus einer unrichtigen Erklärung des Kompendiums *demonstratum*; in der anderen Redaktion (2, 1) *demonstratinam.* Vgl. Baeumker, *Auencebrolis fons uitae.* Beiträge zur Geschichte der Philosophie d. Mittelalters. B. I Heft 2. Münster, 1892 S. VIII, 20—22.

3, 1—3 (2, 1—3): „et hunc intellectum assimilauit Aristoteles sensui, propter propinquitatem sensus ad ueritatem et quia communicat cum ea omnino.“ Vgl. Loewenthal, *Pseudo-Aristoteles über die Seele.* Berlin 1891 S. 121, 9—10: „Cognitio enim rei non habetur nisi per unitionem duarum formarum cognoscentis et cogniti sine medio, quae unitio non fit nisi per similitudinem et propinquitatem.“

3, 14—15: „nec sicut caelatura in corpore“; des näheren besprochen von al-Fārābī in seinem Buche „*de intellectu*“ (Camerarius, *Alpharabii opera omnia.* Paris, 1638. S. 48—49. Dieterici, *Alfārābī's philosophische Abhandlungen.* Leiden 1890. S. 42—43.

3, 20—4, 3. Vgl. „*de somno et uisione*“ 18, 20—19, 2.

4, 9 und 5, 10: *phantasiam.* Das Wort „phantasia“ ist — entgegen Jourdain, der es für ein Kennzeichen des griechischen Ursprungs einer Übersetzung hält: „des mots phantasma, phantasia . . . annoncent assez l'emploi d'une version grecque“ (*Recherches* S. 320) — schon früh in die syrisch-arabische wissenschaftliche Litteratur eingedrungen (vgl. C. Brockelmann, *Lexicon syriacum*, Berlin, 1894. S. 277 b) und kommt auch vor in der bekanntlich direkt aus dem Arabischen angefertigten Übersetzung von Qustā b. Lūqā's Traktate „*de differentia spiritus et animae*“ (Barach, Bibliotheca Philosophorum mediae aetatis, II. Innsbruck, 1878. S. 130, 137, 139) — auch im Arabischen فنطاسيا (Gotha, cod. or. 1158 fol. 134 a Z. 5) , in al-Kindī's Schrift „*de somno et uisione*“ (14, 4) und anderswo, z. B. auch im Buche „*de anima*“: „nulla phantasia interueniente“ (Löwenthal, a a. O. S. 128, 12).

4, 16--6, 1 und 7, 2—3. Der Gedanke: „nihil igitur quod est in potentia exit ad effectum nisi per aliud quod est in effectu" kehrt später oft wieder. Siehe al-Fārābī's *de intellectu*: „ipsa essentia enim non fit intellectus in effectu nisi propter ea quae sunt intellecta in effectu" (Camerarius, a. a. O. S. 50, Dieterici a. a. O. S. 43). Vgl. Loewenthal a. a. O. S. 106.

5, 5—9. Vgl. al-Fārābī, *de intellectu*: Cum enim acquirunt[ur] ab ea intellecta (quae ipsa abstrahit a materiis), tunc fiunt illa intellecta in effectu, quae (priusquam abstraherentur a suis materiis) erant intellecta in potentia. Camerarius a. a. O. S. 40; Dieterici a. a. O. S. 43.

6, 7—8 und 7, 7—9: „sed cum unitur cum ea forma intelligibilis, tunc ipsa et intellectus sunt res una scilicet intelligens et intellecta." Vgl.

وذلك أن عاقل ومعقول ذلتعقل . . . . معا معقول والاشيء والمعقول واحد

Bardenhewer, *de causis*, S. 83, 9 und S. 84, 3—4. [cum fit forma illae essentiae] id quod intelligitur non est aliud ab eo quod est intellectus uel intelligens in effectu. Camerarius a. a. O. S. 51; Dieterici a. a. O. S. 44.

6, 8—9: „ratio igitur et rationatum sunt res una ex parte animae" = *de somno et uisione* 19, 20: „ratio igitur in anima est rationatum". Vgl. Aristoteles (*Metaph.* XII, 7, 1072 b 20—21): Αὐτὸν δὲ νοεῖ ὁ νοῦς κατὰ μετάληψιν τοῦ νοητοῦ· νοητὸς γὰρ γίγνεται θιγγάνων καὶ νοῶν· ὥστε ταὐτὸν νοῦς καὶ νοητόν.

7, 3—5: „anima igitur est intelligens in potentia, sed exit ad effectum per intelligentiam primam ad quam cum ipsa respexerit, fit intelligens in effectu". Vgl. al-Fārābī, *de intellectu*: „Sic et intelligentia agens est quae trahit ad effectum intellectum qui est in potentia et facit esse intellectum in effectu cum eo, quo tribuitur ei ab illo principio et per illam intellecta in potentia fiunt intellecta in effectu." Camerarius, a. a. O. S. 57—58. Dieterici, a. a. O. S. 47, am Ende.

9, 3—17. Vgl. al-Fārābī, *de intellectu*, in Camerarius, a. a. O. S. 53 und Dieterici, a. a. O. S. 45--46.

1—11. Varianten des Codex C (= Lilienfeld cod. 144 fol. 102 r — 102 v) [1]): 1, 1—10 | *fehlt*   10—11 sed sententia eorum | Sententia Platonis et Aristotelis   13—14 in actu est   15 qui | qui semper   17 ad | in   3, 2 ea | eo (*mit S V²*)   4 enim | *fehlt*   5 illa est | illa   6 est illa quae | quae (est quae *A S V²*)   8 scilicet generalitas | est generalitas scilicet (generalitas scilicet *S V²*)   10 sensata actu   11 ipse | *fehlt*   14 nec | et (*unklar S*)   17 etiam | essentia (est *A V²*)   18 etiam | *fehlt*   19 est in anima | *fehlt* (*mit S V²*)   sed | et   5, 1 alterum | aliter   uirtutis materialis | materiale (*mit S,* materialis *V²*)   2 dixit | dicit (*mit S*)   4 in | *fehlt*

---

[1]) Über denselben vgl. C. Schimek in: *Xenia Bernardina. Pars secunda, Handschriften-Verzeichnisse der Cistercienser-Stifte der österreichisch-ungarischen Ordensprovinz.* Bd. I. Wien 1891. S. 529 ff. Cl. Baeumker in: *Philosophisches Jahrbuch*, hrsg. von C. Gutberlet. Bl. VI. Fulda 1893. S. 164 ff. und in den Prolegomenena zu seiner Ausgabe des *Fons uitae*. p. XIV.

5 exemplificat | exemplicat   7 tunc | et tunc   10 adeptae | apte (*mit* V^2)
13 in potentia est | est potentia non est   14—15 intelligentia . . . . et
non | *fehlt* (*mit* SV^2)   16 ad effectum | in actum   7, 1 *bis* e[ss]et | esset
(*mit* $AM^1NSV^1V^2$)   2 ad effectum | in actum   3 anima alia   est in-
telligens | intelligentia   4 ad effectum | in effectum   5 cum ipse respexe-
rit ' respexerit cum ipsa (*Wortumstellung*)   intelligens | intellectus (*mit* S)
8 cum | est (ē *für* ō)   9 intelligens et intellecta | intellectus et intellectum
12 effectu intelligens | intellectu intellectum (*ähnlich* S)   ipse | ipsa (*mit*
AM^1NSV^1)   14 non | enim   16 una res   17 in | *fehlt*   18 secun-
dum | quam   19 sensatum | sensum   igitur | enim   20 secundum | *fehlt*
9, 2¯tunc | tam   interim dum | est . . . de (*Lücke*)   3 intelligens in ef-
fectu | intellectus (*mit* M^1NS) in effectum   quidem tertius   4 iam | *fehlt*
(*mit* SV^2)   habetur | habet   6 properata | praeparata (ASV^2)   9 ex
anima apparens (*mit* SV^2)   propalaueris | probaueris (approbaueris S)
11 igitur | ergo (*mit* S)   13 [in] | ex (*mit* S)   15 cum | illum (*mit* NV^1)
adeptio animae (*mit* SV^2)   quae | qui (*mit* SV^2)   16 praecedit | procedit
17 ex anima | in ea   effectu | affectu   18 partes sunt   11, 1 de hoc |
fehlt '(*mit* SV^2)   2 sufficiat | de hoc sufficiat (ad hoc sufficiat V^2)   3 |
fehlt (*mit* NV^1).

12, 6—9: „hoc uero est de subtilibus scientiis naturalibus et proprie
in qua transgressio fit ad loquendum de uirtutibus animae". In dem Ca-
non des Aristoteles bei Ja'qūbī (Houtsma, a. a. O. S. 149—150), al-Nadīm
(Flügel, Fihrist, S. 251) und ibn abī Uṣaibi'a (A. Müller, I S. 58) schließen
sich die psychologischen Schriften (περὶ ψυχῆς und περὶ αἰσθήσεως καὶ
αἰσθητοῦ) an die sogenannten naturwissenschaftlichen dicht an.

13, 15 und 13, 19—21. Vgl. Aristoteles, *de somno et uigilia* 1, 454 b,
25 - 26; Albertus Magnus (Jammy) V. S. 70a.   Siehe Einleitung XXIII,
XXIV.

13, 16—18.   Dieselbe Anordnung in der Zählung der Sinne bei Ja'qūbī
(Houtsma, S. 169 gegen Ende) und Śahrastāni (*Book of religious and
philosophical sects* ed. Cureton. London 1842—46 S. 128):

1. الالـوان والاشكـال

2. الاصوات والكـلمات

3. المطعومات

4. الروائـح

5. الملموسات

— nur kommt der „Geschmack" vor dem „Geruch".

11, 6—9. Über die Frage, ob Wahrnehmung und Wahrnehmendes ein
und dasselbe sei, und obʒdie Dinge⌐durch ihr Wesen und ihren Körper oder
durch ihr Wesen abgesehen von ihrem Körper existieren, handelt nach
Ja'qūbī (Houtsma, S. 150) die Schrift: περὶ αἰσθήσεως καὶ αἰσθητοῦ.

14, 9—19. Vgl. Albertus Magnus a. a. O. S. 71bʒ(Siehe XXIV).

14, 5—17, 24. Vgl. Albertus Magnus a. a. O. S. 71b (Siehe XXIV) und Synesius, περὶ ἐνυπνίων (Migne, *Patrologia graeca*, T. 66, S. 1289 c—d): Αἴσθησις γὰρ αἰσθήσεων αὕτη (d. h. die φαντασία) . . . . ἡ θειοτέρα δέ, καὶ ψυχῇ προσεχής, ἡ ἄμεσος αἴσθησις, wo der nämliche Gedanke in mehr neuplatonisch-mystischer Richtung fortentwickelt wird.

16, 1—7. Vgl. Aristoteles, *de somno et vigilia*, 455a 33—61. (Siehe XXIII.)

20, 6—21. Vgl. Synesius (a. a. O. 1303c): Ἀλλὰ τῆς γε δι᾽ ὀνείρων μαντικῆς αὐτός τίς ἐστιν ἕκαστος ὄργανον ὥστε οὐδὲ βουλόμενος ἔξεστιν ἀπολιπεῖν τὸ χρηστήριον. Der hier beginnenden und bis Ende des Kapitels sich erstreckenden ziemlich dunklen Erörterung des Vorhersehens entspricht bei Synesius die der stoischen Empfindungslehre sich anschließende Stelle 1309 b: Ἔχει γὰρ ὧδε περὶ αὐτοῦ· ὅσα φύσις ἔχει, πάντων ὄντων, γενομένων, μελλόντων (ἐπεὶ καὶ τοῦτο τρόπος ὑπάρξεως) εἴδωλα ἀπορροεῖ, καὶ τῆς ὑποστάσεως αὐτῶν ἀποπάλλεται . . . . bis 1311 d.

23, 10—25, 18. Vgl. Albertus Magnus a. a. O. S. 76a. (Siehe XXIV, XXV.)

28, 6 contineatur. Die Variante in *C* lautet „continuatur". Man muß die technische Bedeutung dieses Wortes in den Übersetzungen aus dem Arabischen, d. h. „sich anreihen an", „in Verhältnis stehen mit" (ﺏ ﺍﺗﺼﻞ) ins Auge fassen. Vgl. Bardenhewer, *de causis*, S. 194 (zu § 29).

28, 7—8. Philosophia igitur diuiditur in scientiam et operationem [id est theoricam et practicam]. — Plutarch. *De plac. phil.* (Diels, *Doxographi graeci*, Berlin 1879,·S. 273, 25—274, 5): Ἀριστοτέλης δὲ καὶ Θεόφραστος καὶ σχεδὸν πάντες οἱ περιπατητικοὶ διείλοντο τὴν φιλοσοφίαν οὕτως· ἀναγκαῖον τὸν τέλειον ἄνδρα καὶ θεωρητικὸν εἶναι τῶν ὄντων καὶ πρακτικὸν τῶν δεόντων. — Dieses Buch des Plutarch wurde von Qusṭā b. Lūqā unter dem Titel:

كتاب الاراء الطبيعية وبحتنوى على اراء الفلاسفة والامور الطبيعية

خمس مقالات

übersetzt (Wenrich, a. a. O. S. 225, Flügel, *Fihrist*. S. 254), woraus Muhammed b. Ishaq al-Nadim (im *Fihrist*) und Scharastäni excerpiert haben. Siehe Diels, a. a. O. S. 28. — Auch ibn-Gabirol:

ובידיעה והמעשה הדבק הנפש בעולם העליון

(bei Palqera, Munk, *Mélanges*. S. ב‎a, Z. 11. Vgl. S. 5 Z. 3—4 von unten. — Baeumker, a. a. O. S. 4, 27—28).

28, 8—10: „anima in duas partes diuiditur, quae sunt cogitatio (uel ratio) et sensus, quemadmodum ostendimus in libro categoriarum". Wenn die Kategorien des Aristoteles gemeint sind, so könnte nur auf die Unterscheidung von ἐπιστήμη und αἴσθησις angespielt werden, welche beispielsweise angeführt wird. Allein das „ostendimus" legt den Gedanke nahe, daß al-Kindi sich vielmehr entweder auf die Paraphrase der Aristotelischen Kategorien bezieht, welche unter dem Titel:

كتاب فى قصد ارسطاطاليس فى المقولات اليها قصدا والموضوعه نها

von al-Nadim, al-Qifṭi und ibn abi Uṣaibi'a übereinstimmend citiert wird, oder auch auf seine Abhandlung über die zehn Kategorien:

$$كتب رسالة في المقولات العشر$$

(Fihrist, nᵒ 25, Qifṭi nᵒ 19, Uṣaibi'a nᵒ 27, Ḥaǧǧi Ḫalîfah VI, 97, nᵒ 12819).

29, 3—7. Nach Ja'qubi (Houtsma, 145 oben) bei Klamroth, ZDMG Bd. 41 S. 422: „über die Naturwesen, über das, was an den Körpern sich findet und mit ihnen verbunden ist, über das was nicht an den Körpern sich findet und auch nicht mit ihnen verbunden ist" und Uṣaibi'a, (Müller, I, S. 57) bei demselben (a. a. O. note 4), wo der angeblich sokratische Ausspruch citiert wird: „Forsche nach drei Wegen, d. h. nach der Wissenschaft von den Körpern, nach der Wissenschaft von dem Unkörperlichen, und der Wissenschaft von dem was zwar Unkörperlich ist, doch in Verbindung mit den Körpern ist" — wäre 29, 6 statt „separatae et non coniunctae" „non separatae et (besser „sed") coniunctae"; 29, 10 statt „non sunt" „sunt"; 29, 12 statt „non est" „est" — zu lesen.

Vgl. ibn Gabirol, Baeumker a. a. O. S. 70, 3—5: „et sicut anima discreta est per se a corpore et est ei iuncta, non tamen cohaerens". Palqera (Munk S. 2b Z. 4—5. Vgl. 36, 4—5).

$$וכמו שהנפש מפורקה בעצמה טהגוף והיא דבקה בו מבלתי שהמשש אותו.$$

30, 11—14. Ja'qūbi (Houtsma S. 149) bei Klamroth, a. a. O. S. 429: sei es in der Luft oder auf (der Oberfläche) der Erde oder in ihrem Innern, und die darin vorkommenden Phänomene: wie Wolken, Nebel, Donner, Blitz, Wind, Schnee, Regen u. a.

30, 15—17. Ja'qūbi (Houtsma (S. 148) bei Klamroth, a. a. O. S. 428: Darin — in der φυσική ἀκρόασις — behandelt er die fünf Dinge, die alle Naturwesen umfassen, und ohne welche keinem Naturwesen Existenz zukommt, nämlich Stoff, Form, Ort, Bewegung und Zeit. Iḫwān al-ṣafā (Dieterici S. 24 Z. 3—4). Siehe Einleitung XXV.

31, 3: „Tempus enim est numerus motus" = Iḫwān al-ṣafā:

$$وقد قيل انه عدد حركات الفلك$$

(Dieterici, S. 35 Z. 6) und al-Fārābī

$$الزمان, انما هو عدد حركة الفلك$$

(Dieterici Alfārābīs philosophische Abhandlungen. Leiden 1890 S. 23 Z. 6). Vgl. Aristoteles, Physik, IV 219b 1—2 τοῦτο γάρ ἐστιν ὁ χρόνος, ἀριθμὸς κινήσεως κατὰ τὸ πρότερον καὶ ὕστερον. — Der Vorrede nach zu schließen, hat al-Kindī dieses Stück dem oben citierten Werk entnommen. Doch ist nicht ausgeschlossen, daß er auch de caelo I, 279a 14—15: χρόνος δὲ ἀριθμὸς κινήσεως, gekannt habe, denn ibn Rušd spricht von einer Übersetzung aus der Feder al-Kindī's: De caelo III, expos. 35: „Haec intentio est difficilis ad intelligendum ex ista translatione quam modo habemus, et forte deminutio cecidit in hac translatione a translatore. Nos enim non habemus nisi translationem Alkindi. Translationes autem ueriores sunt Isaaci."

Über den Zusatz: أَفْلَك („des Himmelskreises") bei al-Fārābī und den iḫwan al-ṣafā siehe Hauréau, *Histoire de la philosophie scolastique* II, 1. S. 130. 31. 18—32, 1. Vgl. Iḫwān al-ṣafā (Dieterici, S. 24 Z. 5—7). Siehe S. XXVI. Ja'qūbī (Houtsma S. 148) bei Klamroth S. 428: Von diesen fünf sind zwei Substanzen, nämlich Stoff und Form, und drei sind substantielle Accidentien.

32, 5—7: „ista quatuor: calidum, frigidum, humidum et siccum, quae sunt principia animalium et arborum et omnis rei in generatione et corruptione". Vgl. Iḫwān al-ṣafā (Dieterici, S. 2, Z. 17—19):

واشتدنى عيونى الطبيعة وهى النار والهواء والماء والارض وذلك ان بل
شيء نعمل الطبيعة التى تحت فلك القمر من الموجودات فان هذه
الاركان الاربعة عيونى لها

32, 19—21; „definitio autem sermo est compositus ex genere, ex quo res definita existit, et ex differentia, ex qua fit praeter omnem rem". Vgl. Aristoteles, *Top.* I, 103b 15; ὁ ὁρισμὸς ἐκ γένους καὶ διαφορῶν ἐστίν. — und 140a 27: Δεῖ γὰρ τὸ μὲν γένος ἀπὸ τῶν ἄλλων χωρίζειν, τὴν δὲ διαφορὰν ἀπό τινος τῶν ἐν τῷ αὐτῷ γένει. Siehe Ja'qūbī (Houtsma, S. 147 gegen Ende Klamroth, S. 427).

Vermutlich hat auch al-Kindī etwas über die Topiken geschrieben, denn wir finden den Titel:

كتاب رسالته فى عمل انه متخرجه الجوامع

(Fihrist n⁰ 31, Qifṭi n⁰ 25, Uṣaibi'a n⁰ 33) Casiri (S. 353): „De arte topica, siue de locis logicis unde argumenta quaeque sunt petenda". Hammer (III, S. 244 n⁰ 32): „Das Buch von der Ableitung der Gedanken aus örtlichen Gründen *(τοπικά)*."

33, 15. Siehe S. XXVI.
33, 16. Iḫwān al-ṣafā (Dieterici, S. 24 Z. 8—9):

اعلم ان معنى قول الفلاسفة الهيونى انما يعنون به ان جوهر
قبل الصوره

33, 18. Da *quidem* indes in *O* umgekehrt Z. 12 fehlt, so stand dasselbe im Archetypus vielleicht am Rande und ist entweder in *O*, oder in Γ¹Γ²Δ an verkehrter Stelle eingesetzt, und daher entweder hier, oder Z. 12 zu streichen.

33, 20 - 21. Aristoteles, *cat.* 4a 10—11: μάλιστα δὲ ἴδιον τῆς οὐσίας δοκεῖ εἶναι τὸ ταὐτὸν καὶ ἓν ἀριθμῷ — anstatt des „sine corruptione" — ὂν τῶν ἐναντίων εἶναι δεκτικόν.

34, 2. Siehe S. XXVI.

34, 3–5: „omnis autem, si aliquid uult exponere" u. s. w. Vielleicht liegt in „omne autem, quod aliquis uult exponere, necessarium est ut, si nomen illius sit commune, diuidat" (so l'¹) die dem Arabischen geläufige absolute Konstruktion vor, die dann beizubehalten wäre.

35, 12. Siehe S. XXVI.

35, 13—15. Buchstäbliche Übersetzung des Anfangs des vierzehnten Kapitels der Kategorien (15a 13 14): Κινήσεως δέ έστιν είδη έξ, γένεσις, η θορά, αΰξησις, μείωσις, άλλοίωσις, ή κατά τόπον μεταβολή. Arabisch (Zenker: Aristotelis Categoriae, cum uersione Isaaci Honeini filii. Leipzig, 1896, S. 47, 2—3):

انواع التحريك ستة التكون والفساد والنمو والنقص والاستحالة
والتغيير بالمكان،

Vgl. Ihwān al-safā (Dieterici S. 32 Z. 2—3):

يقال ان، التحريكة على ستة أوجه التكون، والفساد، والزيدة والنقصان،
والتغيير والنقلة

35, 16–21. Ziemlich abweichend bei den Ihwān al-safā (Dieterici, ibid. Z. 2—4):

فالتكون، هو خروج من العدم الى الوجود او من القوة الى الفعل
والفساد عكس ذلك، والزيدة هو تباعد نهايات الجسم من مراكزه
والنقصان، عكس ذلك

„Das Entstehen ist das Hervorgehen des *Dinges* aus dem Nichtsein zum Sein, oder von der Kraft zur Handlung, das Vergehen ist das Gegenteil davon. Die Vermehrung besteht darin, daß sich die Grenzen des Körpers vom Mittelpunkte desselben entfernen, die Verminderung ist davon das Gegensatz" (Dieterici, *die Naturwissenschaft der Araber*, S. 11).

36, 11—13. Ihwān al-safā (Dieterici, S. 32 Z. 5—6):

والتغيير هو تبدل الصفات على الموصوف من الالوان والطعوم
والروائح وغيرها من الصفات

Das Beispiel vom Weissen und Heissen schon bei Aristoteles, cat. 5, 4a 19—20: ότε μέν λευκός, ότε δέ μέλας γίνεται, καὶ θερμὸς καὶ ψυχρός. —4a 31—32: ψυχρὸν γὰρ ἐκ θερμοῦ γενόμενον μετέβαλεν (ἠλλοίωται γάρ), καὶ μέλαν ἐκ λευκοῦ. Vgl. auch cat. 8, 9a 29—31: Ἔστι δὲ τὰ τοιάδε](ποιότητες) οίον γλυκύτης τε καὶ πικρότης καὶ στρυφνότης, καὶ πάντα τὰ τούτοις συγγενῆ, ἔτι δὲ θερμότης καὶ ψυχρότης καὶ λευκότης καὶ μελανία.

36, 20: iaculatores. Hier wohl speciell Schleuderer. Oder ist *ioculatores* zu lesen? Auch die *scientes in artibus* sind hier vielleicht Prestidigitateure oder dgl. „Artisten", da doch an einen Globus u. dgl. als Beispiel der rückläufigen Bewegung schwerlich gedacht werden kann.

37. 1—4. Vgl. Aristoteles Phys. IV, 1, 208b, 17—18: διὸ καὶ ταὐτὸ
πολλάκις δεξιὸν καὶ ἀριστερόν ἐστι καὶ ἄνω καὶ κάτω καὶ πρόσθεν καὶ ὄπισθεν.
— V, 5, 229b, 7—10: καὶ ἡ ἄνω φορὰ τῇ κάτω· ἐναντία γὰρ ταῦτα ἐν μήκει.
καὶ ἡ εἰς δεξιὰ τῇ εἰς ἀριστερά· ἐναντία γὰρ ταῦτα ἐν πλάτει. καὶ ἡ εἰς τὸ
ἔμπροσθεν τῇ εἰς τὸ ὄπισθεν· ἐναντία γὰρ καὶ ταῦτα. Siehe Ja'qūbī (Houtsma
171, Klamroth 40): das „wo", d. h. das den Ort betreffende, hat die sechs
Richtungen, nämlich vorn und hinten, oben und unten, rechts und links.

37. 7. Siehe S. XXVI.

37, 7 38, 23. Die Quelle dieses Kapitels ist Aristoteles, phys. IV,
208a 27—217b 29.

37, 8—9. Aristoteles, phys. IV, 1, 208a 32—33: Ἔχει δὲ πολλὰς
ἀπορίας τί ποτ' ἔστιν ὁ τόπος.

37, 10—11. Aristoteles, ibid. 209b 11—12: διὸ καὶ Πλάτων τὴν
ὕλην καὶ τὴν χώραν ταὐτό φησιν εἶναι ἐν τῷ Τιμαίῳ. Vgl. auch 209b 33
—210a 2.

37, 17—18: „illud itaque in quo corpus continetur nominamus locum."
Aristoteles, ibidem. 210b 35—211a 1: Ἀξιοῦμεν δὴ τὸν τόπον εἶναι πρῶτον
μὲν περιέχον ἐκεῖνο οὗ τόπος ἐστί. Vgl. Ihwān al-safā (Dieterici, S. 30
Z. 9):

أما المعدن، عند جمهور النفس الذي يدون، فيو الوعـ النى المنعسين

37, 19—21. Diese Stelle ist nach Aristoteles, phys., IV, 4, 211b 34—36
zu verstehen und berichtigen: οὕτω καὶ ὁ τόπος διὰ τοιαύτης τινὸς εἶναι δοκεῖ
φαντασίας, πλὴν ἐκεῖνο μὲν διότι ὃ ἦν ἀήρ, τοῦτο νῦν ὕδωρ, ὁ δὲ τόπος ὃ οὐ
ἦν ἀήρ, ἐνταῦθ' ἐστὶ νῦν ὕδωρ.

38, 7—9. Anspielung auf das Zenonische Paradoxon: Aristoteles,
ibid., 209a 23—30 und 210a 5—9.

38, 13—14: „Nunc locus . . . . est superficies quae est extra corpus.
quod locus comprehendit". Ihwān al-safā (Dieterici, S. 30 Z. 13—14:

وقد قيل ان المعدن، ان الجسم سطح هو الحوى الذي على

النحوي فيه

39, 2. Siehe S. XXVI. Quelle: Aristoteles phys. IV, 217b 29—222b 30.

39, 3—4: τί δ' ἐστὶν ὁ χρόνος καὶ τίς αὐτοῦ ἡ φύσις, ὁμοίως ἔκ τε τῶν
παραδεδομένων ἄδηλόν ἐστι . . . οἱ μὲν γὰρ τὴν τοῦ ὅλου κίνησιν εἶναί φασιν.
Aristoteles ibid. 218a 31—218b 1.

39. 6—13: ἔστι δ' εὐηθικώτερον τὸ εἰρημένον . . . . Ἐπεὶ δὲ δοκεῖ μάλιστα
κίνησις εἶναι καὶ μεταβολή τις χρόνος, τοῦτ' ἂν εἴη σκεπτέον. Ἡ μὲν οὖν ἑκάστου
μεταβολὴ καὶ κίνησις ἐν αὐτῷ τῷ μεταβάλλοντι μόνον ἐστίν, ἢ οὗ ἂν τύχῃ ὂν
αὐτὸ τὸ κινούμενον καὶ μεταβάλλον. ὁ δὲ χρόνος ὁμοίως καὶ πανταχοῦ καὶ παρὰ
πᾶσιν. Aristoteles, ibidem, 218b 7—13.

39, 13—17: ἔτι δὲ μεταβολὴ μέν ἐστι πᾶσα θάττων καὶ βραδυτέρα, χρόνος
δ' οὐκ ἔστιν· τὸ γὰρ βραδὺ καὶ ταχὺ χρόνῳ ὥρισται, ταχὺ μὲν τὸ ἐν ὀλίγῳ

πολύ κινούμενον, βραδὺ δὲ τὸ ἐν πολλῷ ὀλίγον. Aristoteles, ibid., 218b
13—17.

39, 20—23. instans = tempus praesens (Forcellini, Totius Latinitatis Lexicon. T. III. Prato, Aldini, 1865. S. 545b). Vgl. Beer, al-Ćiazzālī's
Makāsid al-falāsifat, Leiden, 1888. S. 13.

39, 20—40, 7. Quelle: Aristoteles, ibid., 218b 21—221a 26.

39, 20—23: Aristoteles, ibid. 218b 23—29: Οὐ δοκεῖ ἡμῖν γεγονέναι
χρόνος . . . . Συνάπτουσι γὰρ τὸ πρότερον νῦν τῷ ὕστερον νῦν καὶ ἓν ποιοῦσιν
ἐξαιροῦντες διὰ τὴν ἀναισθησίαν τὸ μεταξύ. Ὥσπερ οὖν εἰ μὴ ἦν ἕτερον τὸ νῦν
ἀλλὰ ταὐτὸ καὶ ἕν, οὐκ ἂν ἦν χρόνος, οὕτω καὶ ἐπεὶ λανθάνει ἕτερον ὄν, οὐ
δοκεῖ εἶναι τὸ μεταξὺ χρόνος.

39, 24—25: ὅταν δὲ τὸ πρότερον καὶ ὕστερον, τότε λέγομεν χρόνον· τοῦτο
γάρ ἐστιν ὁ χρόνος, ἀριθμὸς κινήσεως . . . . Aristoteles, ibid., 219a 34—
219b 1. Vgl. Iḫwān al-ṣafā (Dieterici, S. 35 Z. 6) und Anmerkung
zu 31, 3.

40, 1—2: „eius quod numeratur . . . . aliud numeratum discretum,
aliud numeratum continuum". Aristoteles, cat., 6, 4b 20: τοῦ δὲ ποσοῦ
τὸ μέν ἐστι διωρισμένον, τὸ δὲ συνεχές.

40, 2—3: „Tempus uero est . . . ex numero continuo." Aristoteles,
cat., 6, 4b 23—25: συνεχὲς δὲ . . . παρὰ ταῦτα ὁ χρόνος.

41, 5. = das gewöhnliche: بِسْمِ اللّٰهِ الرَّحْمٰنِ الرَّحِيمِ Qur'ān.

41, 15 (und 45, 18, 53, 19). Siehe S. XXX¹.

41—46. Siehe S. XXVIII.

41, 18—21: „uiae per quas ambulauerunt philosophi in illis disciplinis,
in quibus sua inquisitio fuit de cognitione certitudinis rerum, comprehenduntur in quatuor speciebus, scilicet diuisione et resolutione, definitione et
demonstratione." Vgl. Johannes Damascenus, πηγὴ γνώσεως (Dialectica)
Kap. LVIII (Migne, Patrologia graeca T. 94, S. 671 b—c): Περὶ τῶν τεσσάρων
διαλεκτικῶν μεθόδων. — Ἰστέον, ὡς τέσσαρές εἰσι διαλεκτικαὶ μέθοδοι, ἤγουν
λογικαί· διαιρετική, ἥτις διαιρεῖ τὸ γένος εἰς εἴδη διὰ μέσων τῶν διαφορῶν·
ὁριστική, ἥτις ἀπὸ τοῦ γένους καὶ τῶν διαφορῶν, ὧν διεῖλεν ἡ διαιρετική,
ὁρίζει τὸ ὑποκείμενον· ἀναλυτική, ἡ τὸ συνθετικώτερον ἀναλύουσα εἰς τὰ
ἁπλούστερα· τουτέστι τὸ σῶμα εἰς τοὺς χυμούς· τοὺς χυμοὺς εἰς τοὺς καρπούς·
τοὺς καρποὺς εἰς τὰ τέσσαρα τὰ στοιχεῖα· τὰ στοιχεῖα εἰς ὕλην καὶ εἶδος· ἀπο-
δεικτικὴ ἡ διὰ μέσου τινὸς δεικνύουσα τὸ προκείμενον. οἷον, πρόκειταί μοι
δεῖξαι ὅτι ἡ ψυχὴ ἀθάνατός ἐστι· λαμβάνω τι μέσον, τὸ ἀεικίνητον, καὶ συλ-
λογίζομαι οὕτως. Ἡ ψυχὴ ἀεικίνητός ἐστι· τὸ ἀεικίνητον ἀθάνατον· ἡ ψυχὴ
ἄρα ἀθάνατος. (Siehe 42, 3—45, 15.) David, Prolegg. ad Porphyrium (Brandis, Scholia ad Aristotelem, Berlin 1836. S. 18a 34—35); siehe S. XXVIII¹).

45, 16—17: „Scias autem quod propositiones argumentationis sumuntur
ex cognitis in principio intelligendi." Vgl. Aristoteles, analyt. post. I, 1,
71a 1—11: πᾶσα διδασκαλία καὶ πᾶσα διανοητικὴ ἐκ προϋπαρχούσης γίνεται
γνώσεως . . . . und Jaʿqūbī (Houtsma, 147. Klamroth, 426): „Er — Aristo-

leles - - sagt   in der Schrift der Erklärung und des Beweises *(ἀναλντικὰ ὕστερα)*
—: die Prämissen *beruhen auf* einer ihnen gemeinsamen, allgemein anerkannten
Prämisse, welche aus vorher bekannten Bestandleilen zusammengesetzt ist.

45, 21 - 26: „scilicet, quod sensus non apprehendunt nisi singularia,
composita ex substantiis simplicibus, quae sunt in locis discretis et accidentibus particularibus in substantiis discretis, quae sunt designata alia ab aliis.
sed quantitates et qualitates non possunt sciri recte nisi argumentationibus
factis de compositis.“ Aristoteles, *analyt. post.* II, 87b 31—23: *Οὐδὲ δὲ
αἰσθήσεως ἔστιν ἐπίστασθαι. εἰ γὰρ καὶ ἔστιν ἡ αἴσθησις τοῦ τοιοῦδε καὶ μὴ
τοῦδέ τινος, ἀλλ᾽ αἰσθάνεσθαί γε ἀναγκαῖον τόδε τι καὶ ποῦ καὶ νῦν. τὸ δὲ
καθόλου καὶ ἐπὶ πᾶσιν ἀδύνατον αἰσθάνεσθαι.*

46—49. Siehe S. XXVIII.

50—59. Siehe S. XXVIII.

54, 3—18. Vgl. Aristoteles, *analyt. post.* II, 96a 2 7: *τὸ δὲ κύκλῳ
τοῦτό ἐστιν· ἐπὶ δὲ τῶν ἔργων φαίνεται ὧδε. βεβρεγμένης τῆς γῆς ἀνάγκη
ἀτμίδα γίνεσθαι, τούτου δὲ γενομένου νέφος, τούτου δὲ γενομένου ὕδωρ· τούτου
δὲ γενομένου ἀνάγκη βεβρέχθαι τὴν γῆν· τοῦτο δ᾽ ἦν τὸ ἐξ ἀρχῆς, ὥστε κύκλῳ
περιελήλυθεν· ἑνὸς γὰρ αὐτῶν ὁτουοῦν ὄντος ἕτερόν ἐστι, κακείνου ἄλλο, καὶ
τούτου τὸ πρῶτον.*

59--61. Siehe S. XXIX.

61, 10—12: „sicut scriptum est: quod dies iudicii erit in ictu oculi,
uel si minus dici potest“ = Qur'ân, XVI, 77. In der Übersetzung des
Maracci: „et non erit negocium Horae (i. e. dies iudicii) nisi sicut ictus
oculi, uel ipsum erit celerius“. Vgl. auch XXI, 41.

61, 18—22. Vgl. Qur'ân, XIV, 48 und XXII, 66.

62, 14- -15. Vgl Qur'ân, III, 133 und LVII, 21.

I.

(pseudo-) A r i s t o t e l e s *de anima* s. Loewenthal.

　　　　　　　de causis s. Bardenhewer.

　　　　　　　theologia s. Dieterici.

Averroës s. (ibn) Rusd.

Avicenna s. (ibn) Sina.

B a c o (Roger) XVII.

B a e u m k e r, Beiträge zur Geschichte der Philosophie des Mittelalters. Bd. I,
　　　Heft 2—4 *Auencebrolis fons uitae*. Münster 1892—95. 65, 66 [1], 68, 69.

B a r a c h, Bibliotheca Philosophorum mediae aetatis, Bd. II (*Costa b. Luca's
　　　de differentia spiritus et animae*). Innsbruck 1878. 65, 68.

B a r d e n h e w e r, *Die pseudouristotelische Schrift über das reine Gute* (de
　　　causis), Freiburg 1882. XIV [2], XV [1], 66, 68.

B a y l e, *Dictionnaire historique et critique*. Rotterdam 1697. XIII, [9].

B e e r, *Al-Gazzali's Makasid al-falasifat*. Leiden 1888. 73.

B e r t h e l o t, *La Chimie au moyen âge*. Paris 1893. IX [1].

(al) B i r u n i XVI.

(h.) Bonaventura s. Fidanza.

Brandis s. David.

B r o c k e l m a n n, *Lexicon syriacum*. Berlin 1894. 65.

B r u n o (Giordano) XVII.

B ü l o w, Beiträge zur Geschichte der Philosophie des Mittelalters, Bd. II,
　　　Heft 3, *Gundissalini de immortalitate animae*. Münster 1897. XXXI.

B u o n c o m p a g n i, *Della vita ed opere di Gherardo Cremonese*. Roma 1851.
　　　VI [2], XIV [3], XV [3].

C a m e r a r i u s, *Alpharabii uetustissimi Aristotelis interpretis opera omnia,
　　　quae latina lingua conscripta reperiri potuerunt*. Paris 1638 (de intel-
　　　lectu). 65, 66.

C a r d a n u s XVII.

C a s i r i, Biblioteca Arabico-Hispanica Escurialensis. Matriti 1760, 1770. V [2],
　　　VI [1], VII, [2], 70.

Catalogi librorum manuscriptorum Angliae et Hiberniae. Oxonii 1697. XXX.

Catalogus codicum manuscriptorum Bibliothecae Regiae (Parisiensis). Paris
　　　1739—1774. XXX.

C o x e, *Catalogus codicum qui in collegiis aulisque Oxoniensibus adseruantur*.
　　　Oxonii 1852—1854. XXX.

Cremonensis s. Gerhard.

Cureton s. Sahrastani.

D a v i d, *Prolegomena ad Porphyrium* bei B r a n d i s, Scholia ad Aristotelem.
　　　Berlin 1836. XXVIII [1], 73.

De Sacy s. Sacy.

D i e l s, *Doxographi graeci*. Berlin 1879. 7, 8.

D i e t e r i c i, *Alfarabi's philosophische Abhandlungen*. Leipzig 1890. XVII [4],
　　　　　　65, 66, 69.

　　　Die Naturwissenschaft der Araber, 2. Aufl. Leipzig, 1875. 71.

　　　Die sogenannte Theologie des Aristoteles. Leipzig 1882. XVIII [4].

Dieterici, s. (Al-)*Fārābī.*
    s. (Iḫwān al-)ṣafā.
Digby XXX.
Dozy, *Supplément aux dictionaires arabes.* Leyde 1877. VIII ².
Dubaïs (Muḥammed b. Jazīd —) IX ¹.
Eίσαγωγή s. Porphyr.
(pseudo-)Empedokles, *περὶ τῆς πέμπτης οὐσίας.* XXVII.
Fabricius, Bibliotheca Graeca, T. 13. Hamburgi, 1726. XVI, ⁴.
(al-)Fārābī (Abū Naṣr Muḥammad b. Muḥammad b. Ṭarḫān —) IX, ³, X,
               XI, XVII, XXI, XXIV, XXVII, XXIX, XXX, ¹.
    s. Camerarius.
    s. Dieterici.
    s. Steinschneider.
Fidanza, Johannes = h. Bonaventura. XVII.
(al-)*fihrist* s. (al-) Nadīm.
Flügel, *Alkindi* genannt der Philosoph der Araber. Abhdlg. f. d. Kunde d.
    Morgenlandes. Bd. I, Heft 2. V ², VI ¹, VII ⁴, ⁵, ⁶, VIII ³, ⁴
    X ², XIII ², XVII ¹, XIX ¹, XX ³, XXIX ¹.
    s. Ḥaǧǧi Ḫalīfah.
    s. (al-) Nadīm.
Forcellini, *Totius Latinitatis Lexicon.* Prato 1865. 73.
Freytag, *Lexicon arabico-latinum.* Halis Sax., 1830—37. VIII ².
(ibn) Gabirol s. Baeumker *(Auencebrolis fons uitae).*
    s. Palqera.
Galen XXVIII.
Gerhard v. Cremona VI, XIV, XXI.
(al-)Gazzālī XII, XXIV, 73.
    s. Beer.
Haller (Albert), *Bibliotheca Chirurgica.* Basel 1774. XVI ⁴.
            Bibliotheca Medicinae practicae. Basel 1776. XVI ⁴.
Hammer Purgstall, *Literaturgeschichte der Araber.* Wien 1850—1856. V ²,
    VI ¹, VII, ³, ⁵, ⁶, VIII ³, ⁴, XII ³, XXIX ¹, 70.
Hauréau, *Histoire de la philosophie scolastique.* Paris 1872—1880. XI ¹,
    XIII, ³, ⁴, 70.
    Notices et extraits de quelques manuscrits de la Bibliothèque Na-
    tionale. Paris 1890—1893. XIII ⁶, XX ², XXIII ³, XXXI.
Heinrich v. Gent XVII.
Houtsma s. Ja'qūbī.
Ḥaǧǧi Ḫalīfah bei: Flügel, *Lexicon bibliographicum encyclopaedicum a*
    Haji Khalfa compositum. Leipzig 1835—1837. XVI, 69.
Ḥamawaih X.
(ibn) Ḥallikān XVI, bei F. Wüstenfeld, *Ibn Khallikan, Vitae ed., variis*
    lect. indicibusque locuplet. instruxit. Göttingen 1835—1865. XXVII ³.
Iḫwān al-ṣafā bei: F. Dieterici, *Die Abhandlungen der Ichwān es-safā in*
    Auswahl. Leipzig 1883—1886. VIII ¹, XXV, XXVI, XXVII, 69, 70, 71, 72, 73.

Isaac = Isḥâq al-Israïlî.

Isḥâq al-Israïlî XXXI.

Isḥâq b. Honain s. Zenker.

Jahja b. 'Adi b. Ḥamid b. Zakarija XVII.

(al-)Ja'qûbî bei: Houtsma, *Chronik des Ibn Wâdih al Ja'qûbî*, Leiden 1883:
VIII [1], XXVI, XXVII, 67, 69, 70, 72, 73.

   bei: Klamroth, *Über die Auszüge aus griechischen Schriftstellern bei Ja'qûbî*. ZDMG, B. 41—43: XXVI [1], XXVII [1].

Johannes Damascenus bei: Migne, Patrologia Graeca, T. 94: 73.

Johannes Hispalensis (Hispanus, ابن‌دود) XV, XXX.

Jourdain, Recherches XIII, [1], XV, [2], XX, [?], XXI, [1], 65.

Jûhannâ b. Ḥailân IX, [4], X, [1].

Jûhannâ b. Mâsawîah X [2].
    s. Masawîah.

(al-)Kindî V, [1], [3], X—XII und passim. 69, 70.

   de intellectu: V, [2], VI, XIII, XV, XVII—XXI, XXX.

   de ratione XV, XX—XXII, XXX - XXXI, XXXIV.

   de medicinarum compositarum gradibus: XII [3].

   de quinque essentiis: V, VI, VII, [4], VIII, [3], XIII, XIV, XX, XXV—
      XXVII, XXXI, XXXII.

   de sex quantitatibus (?): XII [3].

   de somno et uisione: V, VI, [1], XIII, XIV, XV, XIX, XX, XXI—
      XXV, XXXI, XXXII, 65, 66.

Klamroth s. Ja'qûbî.

Lakemacher, *De Alkendi Arabum philosopho*. Helmstadt 1719. XIII, [0].
liber introductorius in artem logicae demonstrationis s. Muḥammad.
Loewenthal, *Pseudo-Aristoteles über die Seele*. Berlin 1891. 65.

Maracci s. Qur'ân.

Mâsawîah (Mesue) XVI.

Matta (abû Bišr — b. Jûnûs) IX, [3], X [1].

Menendez Pelayo, *Historia de los heterodoxos españoles*. Madrid 1880.
XIII [?], XV [4].

Migne, Patrologia Graeca s. Johannes Damascenus.
            s. Synesius.

Muccioli, *Catalogus codicum manuscriptorum Malatestianae Caesenatis
Bibliothecae*. Cesenae 1780. XXX.

Muḥammad s. Qur'ân.

Muḥammad b. Jazîo b. Dubaïs s. Dubaïs.

Muḥammad b. Muḥammad (abû Naṣr —) al-Fârâbî s. (al-) Fârâbî.

Muḥammad discipulus al-Kindî, *liber introductorius in artem logicae demonstrationis*. V, IX, XI, XII, XIV, XV, XVIII, XIX, XXVIII--XXX,
XXXI, XXXIII.

Muqtadir X, [1].

Steinschneider, *Die hebräischen Übersetzungen des Mittelalters.* Berlin
1893: XVI [8], XXIII [4], XXVII [3].

Die parva Naturalia des Aristoteles, ZDMG, Bd. 37 und
45. XXIII [4].

*Polemische und apologetische Literatur in arabischer
Sprache.* Leipzig 1877: XVII [2].

Synesius, περὶ ἐνυπνίων, bei Migne, Patrologia Graeca T. 66: XXIII, 68.

Ṣa'id (abū'l-Qāsim Ṣa'id b. Aḥmad b. 'abdu'l-raḥmān b. Ṣa'id al Qurṭubī)
IX, XI, XIX.

Šaḥrastāni bei: Cureton, Scharastani's *Book of religious and philosophical
sects.* London 1842—1846: 67.

Taifasi XVI.

(pseudo-) Themistius XXXI.

Theologia Aristotelis s. Dieterici.

Theologicae (regulae —) s. Alanus.

Tiraquelli (Andreas). *De nobilitate et de jure primigeniorum.* Basel
1561: XVI, [3].

(ibn abi) Uṣaibi'a ed. Müller. Kairo u. Königsberg 1884: V [2], VI [1], VII, [1], [5], [6],
VIII [3], [4], XVI, XXVII [4], XXIX [1], 67, 69), 70.

Valentinelli, *Bibliotheca Manuscripta ad S. Marci Venetiarum.* Venedig
1868—1873: XXXI.

Wenrich, *De auctorum graecorum versionibus et commentariis syriacis,
arabicis, armenicis, persicisque.* Leipzig 1842: IX [3], XII [1], 68.

Wüstenfeld, *Die Übersetzungen arab. Werke in d. Latein.* Göttingen
1873: XIV [1].

Geschichte der arabischen Ärzte und Naturforscher. Göttingen 1840: XII [5].

Xenia Bernardina. Wien 1891. 66 [1].

ZDMG = Zeitschrift der deutschen morgenländischen Gesellschaft.

Zeller, *die Philosophie der Griechen.* Leipzig 1869: XVIII [3].

Zenker, *Aristotelis categoriae cum versione arabica Isaaci Honeini filii,*
Leipzig, 1846: 71.

II.

(* bedeutet die am Fuße der Seite stehenden Varianten.)

Verzeichnis der im Texte vorkommenden Eigennamen.

Alchindus, alcuinus * = Alkindi.

alkin * =. Alkindi.

Alkindi (Jacob) 1,1 (*). 10,3. 11,3 (*,. 12,2 (*). 27,18*. 28,17 - 20*. 40,14*.15*.
41,3 (*).

Alpharabius * 11,6*.

arabisch.

Verzeichnis der im Texte vorkommenden Titel.

(liber) almagesti 49,22.
(epistola de) causa et causatis 54,23—21.
(liber) categoriarum 28,10. 42,3.17.
(epistola de) definitione 44,30.
dialectica Aristotelis 28,2.
(epistolae) diuinae 49,3.
(liber) Euclidis 53,27. 58,21. (primus liber)   51,18. (tractatus) — 49,19. 57,25.
(epistola de) generibus scientiarum 41,17.
(alii libri) geometriae 53,27—28.
(epistola de) intellectu et intellecto 41,16.
(libri) logicae 50,4. — et topicae 52,2. 62,22.
(libri) philosophiae 49,23.
(epistola de) principiis 61,20.
(epistola de) reuolutione (orbis) 61,21—22.
scientiae naturales 12,7.
(epistola de) sensu et sensato 41,15. 45,19. 48,18. 50,21. 53,19.
(de) uirtutibus animae 12,8.
(libri) topicae s. (libri) logicae.
(epistola de) yle et forma 61,4.

Verzeichnis der im Texte vorkommenden fremden oder seltenen Worte.

acarab* 53,33* s. asarab.

ahlagat 23.4. 6. = ‏أعلج‎

agtagat*, agthagathe* 23,27—29* s. ahlagat.

asarab 53,3 = ‏أسراب‎

athagat*, athgat* 23,27—29*. s. ahlagat.

empetum* 37,22* (empetin) *für* ἔμπεδον Vgl. 36,18: „non recedens a loco sui situs".

fantasia* 5,24*. 14,26* = phantasia.

gehenna 64,13—14.

grossus* *für* crossus 29,37 *.40*.

hyle 29,3—8.10.11. 30,16.18. 31,10.19. 32,7. 33,1.13.15.16.17.19.21. 34,20. 35.2.4.6. 38,14.16.17.19.20. 58,4. 61,4. 64,11. = ὕλη.

nepta (neptae sublimatum) 53,10. = nepita. Diefenbach, *Supplementum Lexici Du Cange*, Frankfurt, 1857, S. 378 ² Vgl. Stolz, *Historische Grammatik der lateinischen Sprache*, Leipzig, 1894 Bd. I S. 52.

paradisum 64,15.

phantasia 4,9. 5,10(*). 14,4(*).28*.

queilum 43,18(*) = χειλόν *für* χιλόν (oder χειλός, χιλός). H. Stephanus, *Thesaurus Graecae Linguae*, Paris. 1865. Bd. VIII S. 1499—1500.

yle* 29,24* sqq. = hyle.

Berichtigungen.

Seite V, Zeile 9 *statt* Ja'qub *lies* Ja'qûb.

Seite XII zu Anmerkung 1): Ich habe mittlerweile Gelegenheit gehabt die Hs. n⁰ CCXLII der laurentianischen Bibliothek in Florenz zu prüfen; sie enthält aber lediglich ein medizinisches Werk (in 195 Kapiteln) des abū Naṣr 'Adnān b. Naṣr al-Fârâbi (richtiger: al-'ain zarbī), welches sich auch im British Museum (Cureton, *Cat. codd. mss. orient. qui in Museo britannico asservantur.* Lond. 1844—52, S. 223 col. 1), n⁰ 453 = add. 5931, und in der Bodleiana (Uri, *Bibl. Bodl. Codd. Mss. Orr.*, S. 138) befindet.

Seite XVI Zeile 10 und 18 *statt* Rośd *lies* Ruśd.

„ XVI Zeile 32 *statt* Steinscheider *lies* Steinschneider.

„ 5 Zeile 17 *statt* exiret *lies* esset.

„ 5 letzte Zeile *statt* exiret | esset ANV^1V^2 *lies* esset | exiret M^1.

„ 7 Zeile 5 und 27 *statt* respexit *lies* respexerit.

„ 9 Zeile 24 *statt* est est *lies* est | est.

„ 25 Zeile 28 *statt* extranea S *lies* extranea SM^2.

„ 29 zu Zeilen 6, 10, 12 siehe Anmerkungen, S. 69.

Inhaltsangabe.